THE "HAPPY WAY OF LIFE" THAT WE HAVE ARRIVED AT

FIND HINTS FOR DOING
WHAT YOU LOVE
18 STORIES

好きなことを仕事にする
ヒントが見つかる
18人の物語

わたしたちが辿り着いた「幸せな生き方」

阿部由起子　飯田恵美　上野美幸　浦田けあき　門脇まゆみ
栗原由美子　小林知子　櫻段佑記　佐藤奈々子
清水亜希子　関本洋子　高井ちはる　原ゆうこ　平松育子
船橋静香　本多真美　安枝千代美　RUY

Rashisa

好きなことを仕事にするヒントが見つかる
18人の物語

わたしたちが辿り着いた「幸せな生き方」

18人の物語にヒントは眠る――はじめに――

たくさんある書籍の中から、本書を手に取ってくださり、ありがとうございます。

本書を手に取られているということは、もしかしたら、あなたは今こんな状況かもしれません。

「好きなことを仕事にしたいけれど、何から始めていいかわからない」
「好きなことで仕事を始めているものの、あまりうまくいっていない」
「今の働き方や生き方に疑問を感じている」

最近では、ＳＮＳが普及してきたからこそ多種多様な働き方や生き方が目に留まる時代になってきました。他人の投稿を見ていると、ついつい羨ましくなることもあるかと思います。

でも、SNSは発信者の人生の一部を切り取られたものに過ぎないので、そこにあなたが求めている「答え」はありません。

好きなことを仕事にしたり、自分らしく生きるヒントを得るためには、人の人生の物語に触れる必要があります。あなたと同じように悩んだり、苦しんだりしていた方が、どんなきっかけで人生を変える一歩を踏み出したのか。そして、どのようにして困難な壁を乗り越えていき「今」があるのか。これらを知ることで、今あなたが求める「答え」が必ず見つかるはずです。

本書では好きなことを仕事にする18人の女性起業家が「今」に至るまでの物語を赤裸々に綴ってくださっています。彼女たちも色々な壁を乗り越えて、「幸せな生き方」をそれぞれ見つけておられます。18人の一人ひとりの物語に触れることで、あなたにとっての「幸せな生き方」が見えてくるかもしれません。

もし、次の項目に一つでも当てはまるなら、本書を読み進めて頂ければと思います。

◇好きなことを仕事にして毎日楽しく過ごしたい

◇自分らしく自由に生きたい
◇我慢する人生を手放したい

本書を最後まで読み進めていただくと、好きなことを仕事にするヒントが見つかり、自分らしく幸せに生きる一歩を踏み出したくなるはずです。

では、前置きはこれくらいにして、一緒に18人の物語を見にいきましょう。
きっと読み終えた瞬間に、ワクワクしている新しい自分と出会えるはずです。

Rashisa（ラシサ）出版編集部

Contents

好きなことを仕事にするヒントが見つかる

18人の物語

わたしたちが辿り着いた「幸せな生き方」

好きな趣味が仕事になった
ヒーリングジュエリー事業！
突然舞い降りた
「女神巻き®」誕生秘話

Crystal Deva 合同会社 代表
ヒーリングジュエリーアーティスト
阿部由起子

波乱万丈人生を乗り越え
見つけた天職！
人生の試練に
立ち向かうための考え方

株式会社フェリーチェ 代表取締役／ガリンペイロ合同会社 副代表
派遣業／障害者・女性支援／映画製作／会員制交流サロン運営
飯田恵美

夢は諦めなければ
必ず叶う！
周りに反対されても
新事業に挑戦し続ける軌跡

株式会社イーク 代表取締役／株式会社ヨシダホーム 代表取締役
保育事業／飲食事業／建築業
上野美幸

最速スピードで
想いをカタチにする「けあき法則」
それは自然に生まれた「赤い糸STORY'S」

なおしやけあき株式会社 代表取締役
服のお直し事業

浦田けあき

フリーアナウンサーを経て
フラワーショップをオープン！
好きなことを仕事にするヒント

CHACHADO 代表
フラワーショップ経営

門脇まゆみ

直感力は
新しい人生の扉を開く！
私の人生を変えた
ルチルとガネーシャ様との出会い

開運鑑定士

櫻段佑記

歯科衛生士から福祉の道へ！
大きな壁を何度も乗り越えてきたからこそ
見えた「本当の幸せ」

合同会社ヴォーチェ 代表
福祉事業

佐藤奈々子

人生を変えるきっかけをくれた
マナー研修！
自分らしく幸せに生きるために
必要な考え方

有限会社JOY企画 代表取締役
研修講師の派遣／イベント司会・運営
清水亜希子

15歳で家を出て、20歳で起業！
生き方すべてが起業に繋がっていく
波瀾万丈ストーリー

株式会社SKY Link 代表取締役
オンライン商店街運営／イベント事業／結婚相談所／保険代理店
関本洋子

人と人とのご縁を大切にすることで
広がった多事業展開！
仕事と家庭の両立を
乗り越えて見つけた
「幸せの本質」

Rela鍼灸接骨院 オーナー／女性専用サロンhanare 代表／託児所Relaの森キッズルーム 代表
接骨院経営／薬膳料理監修商品開発／ブランディング事業

高井ちはる

37歳で患った
白血病を乗り越え起業！
大病を経験して見つけた
「わたし」の役割

株式会社Willinkコンサルティング 代表取締役
保険代理業/企業型DC導入サポート/金融教育学会認定インストラクター

原ゆうこ

融資を断られても
諦めなかったことで実現した
動物病院の開業！
18年経ったからこそ伝えられる
挑戦する大切さ

有限会社ふくふく動物病院 代表
動物病院経営
平松育子

日本人のスマイルを
素敵に変える！
歯を削らない
スーパーエナメル開発秘話

メディカルリサーチ株式会社
歯科医業
船橋静香

看護師から
メイクアップアーティストで独立！
「介護×美容」を
先駆けるまでの道のり

一般社団法人介護美容１LOVE KNOT 代表理事
ヘアメイクアップアーティスト
本多真美

サロン起業で人生変えた
“誰にも頼らず自分の力で生きていく”と決意！
そして、見つけた
「私らしい生き方と家族の在り方」

一般社団法人日本ＬＣＡビューティー協会 代表理事
エステサロン/スクール経営
安枝千代美

日本と海外を繋ぐ
国際コーディネーター!
目標を達成し続けるための
「仕事の流儀」

合同会社GEB CEO
国際コーディネーター

RUY

Crystal Deva 合同会社 代表
ヒーリングジュエリーアーティスト
阿部由起子

好きな趣味が仕事になったヒーリングジュエリー事業！突然舞い降りた「女神巻き®」誕生秘話

Profile

繊細ワイヤージュエリー女神巻き®創始者。2015年よりヒーリングジュエリーアーティストとして活動開始。2017年より女神巻き®認定スクール運営。スピリチュアル顧客層へ向けて、クリスタルの女神をコンセプトにしたヒーリングブランド「Crystal Deva」を展開。一点ものの天然石ジュエリーを主にネットショップで販売中。

AUSTRALIA×ANDARA CRYSTAL GEM &NATURAL EXQUISITE WIRE JEWELRY
AMIMAKI ` PENDANT TAURUS NEW MOON JEWELRY BY CRYSTAL DEVA 2023

1日の
スケジュール

Morning

8:30　起床・ゆったり
コーヒータイム

朝の浄化のヨガと瞑想、
お祈りの時間。
9:30　日によってゆっくりバスタイム
パワーチャージ。
メールやSNSチェックと投稿と家

女神巻き®ペンダント制作やレッス
ン予約がある日は外出。
13:00　またはアイディアをメモしたり感性を
磨くためにカフェなど外出。
そのまま外食か帰宅して夕食作り。

SNS投稿やチェックし情報招集。
次の商品のアイディアのインスピレーションを
まとめる。
20:00　バスタイムメディ
テーションと自分を
慈しむためヨガや
瞑想、マッサージなどの
セルフケア。

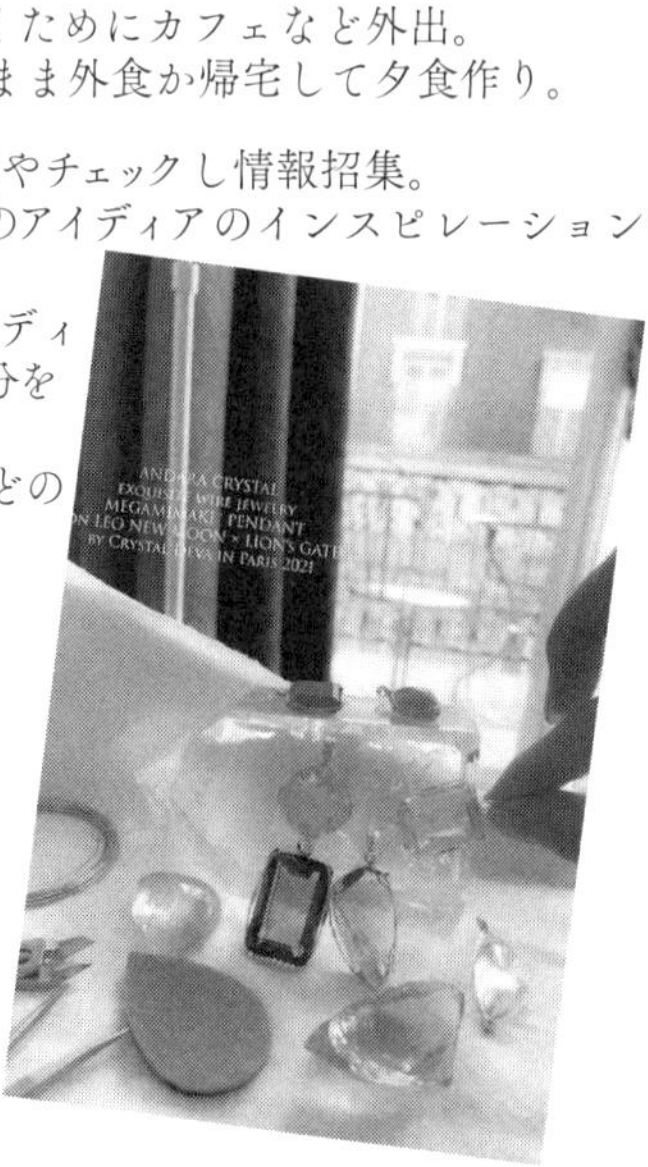

23:30～24:00　就寝

※新月・満月は1日中新作制作のためスケジュールは流動的になります。

Afternoon

魂の目醒めから天然石とハンドメイドの出逢い

私が目に見えない世界に、必然的に導かれたのは今から25年前の20歳のときです。人生でも多感な時期にやってきました。特に2020年以降、スピリチュアルに目覚める方々が女性中心に増えていますが当時は稀だったため、自分にとっての幸せと社会が示す幸せの価値観が一致せず、自分の人生の方向性を失いかけていました。そんな迷える大学生の時にふと入った本屋さんで、目に留まったスピリチュアル本との出逢いは大きな転機でした「私の人生で魂が深く求めるものは何だろう?」「魂が喜び輝き幸せに生きるにはどのような人生を生きたら良いのかな?」といつも内なる自分に問いかけていました。

大学を卒業した22歳の私は、時間給の良い夜のアルバイトでなんとか食い繋いでいたような、いわゆる社会不適合者でした。元々存在感は強い方ではありましたが、当時の自分の内面は世の中に対して窮屈さを感じていたと同時に肩身が狭い思いをしており、「自分の才能を活かして仕事がしたい。」と魂から強く強く切望しながらギリギリの生活能力の中で、悶々とした日々を送っていました。

疑わない素直な感性のおかげもあって、宇宙や女神・天使の存在を感じ信じていました。

「自分の才能を活かして生計を立てたいから、どうか導いてください」と願い、アファメーションや引き寄せの法則を流行る前から実践していました。テレビを捨ててメディアの情報は遮断し、少しでも自分のエネルギーでいられるよう意識していました。

天然石との出会いは、26歳の頃でした。職場の同僚が天然石をプレゼントしてくれたことがきっかけで、引き込まれるように美しい地球の創造物に魅了されていきました。

28歳の頃には、当時お付き合いしていた男性が天然石好きなヒーラー業をしていたこともあって、ますます私の人生は天然石を愛でる機会が増えていきました。その流れで天然石ショップでアルバイトをすることになりました。ハンドメイドアクセサリーのスキルアップも必須だったため、天然石の魅力とともにハンドメイド制作の楽しさにも虜になりました。

私の母は洋裁と和裁のプロフェッショナルで、ワンピーススカートを作り着せてくれていました。道具を使いものづくりをすることは、母が背中で見せてくれていたのだと思います。当時の私は全く気づいていませんでしたが、今振り変えると「私にとってハンドメイドは、ごく自然にご先祖さまから受け継いだ才能だったのだな」と、母や呉服屋をしていたおばあちゃんに感謝の気持ちでいっぱいになります。

天然石店には2年勤めましたが、その中で新たな希望が芽生えていました。雇われて働くアルバイト雇用だったので仕方ないのですが、独自のクリエイティビティを発揮したいと思ったのです。当時の私は無理を承知で、でも諦めきれず「天然石も身につける方も両方が魂から本質的に輝ける天然石のハンドメイドジュエリーブランドを創りたい。」と、次なる宇宙へ解き放つ意図と情熱が湧き上がってきていました。

自信につながった体験は、次に勤めた鎌倉の天然石店で出逢ったお客様です。昭和の巨匠と言われる有名な画家さんに（今はお亡くなりになられています）作品を気に入られ、ご購入いただきました。鎌倉のアトリエ兼ご自宅に何度も招待され遊びに行きました。ため息が出るほど美しい絵画とお部屋いっぱいに置かれたクリスタルを眺めながら、エジプトに住まわれていた頃のお話、アートやスピリチュアルな神秘的なお話をたくさん聞きました。この画家さんとの出逢いは私の人生の中でも、アーティストとしてのインスピレーションを受けとることができたとても貴重でありがたく幸せな体験でした。

自分が何をしたらいいかわからない方は、どうしてもできないことを明確にされたら良いと思います。消去法でしたいことできること、楽しめることしか残らなくなった時に見えてくる答えがそこには必ずあるからです。ではどうやってやりたくないことを明確にできるのかというと、それはご自身を繊細に感じて慈しんであげる時間をご自身に与えてあげることから始まります。ご自身を大切に扱った先に、やりたくないこと・できないことがはっきりと感じられ、そのうち内側の魂が「この方向で進むと楽しそうだよ」と静かに教えてくれます。「これなら無理なく楽しんで続けられそうだな。」ということこそあなただけが世界に広められる才能です。

自分の才能が開花し始めた時、扉が次々に開いて導かれる必然のタイミングは本当にあるのだなあと実体験を通して感じています。人生に予想もつかない思いがけない展開があったとき、自分を信じて導かれるままに歩んでいっていただきたいです。

女神巻き® 誕生秘話と起業のファーストステップ

美しい天然石に囲まれてお仕事ができるのは、ヒーリングエネルギーの美しさに共鳴しやすい私にとってありがたい環境でした。アルバイトは続けつつ、オリジナルデザインのジュエリーを築きたいという未来への情熱を燃やしていました。自宅では、ワイヤーアートペンダント制作に没頭しながら試行錯誤をしていました。そんなある日、天啓が降りてきたかのように手が動き、繊細ワイヤージュエリー「女神巻き®」デザインが完成したのです。

もちろん15年前の完成度は今に比べればまだまだ詰めが甘かったのですが、自分でも「これは世に送り出さないと！」と使命感のような感覚に駆られ、まずはブログから作品写真を紹介しコツコツ発信していきました。

そして、クリスタルの女神に敬意を表して畏れ多いながらもブランド名を「Crystal Deva」に決めました。（Devaはサンスクリット語で光り輝く存在・女神の意味）年々オーダーメイドで依頼を受けたり、オンラインショップを開設して商品を販売したりするようになりました。スピリチュアルブームという時代の流れの後押しや著名スピリチュアルインフルエンサーがブログでご紹介してくださったチャンスなどもあり、ありがたいことに自分が予想していなかったほど知名度が上がりました。気がつくと一度購入してくださったお客様から、リピートご購入いただけるようになっていました。

私のように好きな趣味から事業へと発展させられたのは本当にラッキーなことだと思いますが、振り返ると趣味のブログからスタートし現在の法人設立に至るまで10年の月日がかかりました。堅実な構築は、一歩一歩地道な積み上げでしかないなと思います。特に女性が起業する上で大切なのは、大きな目標を立てるよりも少しずつでも良いので、継続することだと思います。お客様は自分の知らないところでも見ていますから、続けていると必ず信頼を得ることができると感じております。

最初は副業から売上を獲得し、損得を気にせずにご自身のペースで好きな仕事を楽しく長く続けられるのが無理なく良いのかなと思います。ぜひご自身の1番心地よい働き方のバランスを見つけてみてください。

ヒーリングストーンとの出逢い

オンラインショップで販売を始めしばらくしてから、「個人的に女神巻き®の制作方法を教えて欲しい」とお声をいただく機会が増え、都内のカフェで個人レッスンを始めました。この流れの中で表参道のクリスタルショップのオーナーさんが女神巻き®デザインを気に入ってくださり、オーダーメイドの依頼を受けることになりました。そのうち店頭に並ぶ商品を見たお客様から依頼を受け、女神巻き®制作メソッドをグループレッスンで伝授する認定スクールが始まりました。

当初はカリキュラムゼロの状態から急遽依頼を受けて講師をせざるを得ない状況がやってきたためプレッシャーを感じていましたが、グループレッスンを開催するたびに教え方の試行錯誤と、カリキュラムのアイディアが次々と生まれ徐々に構築されていきました。またメソッドを生み出した当初は、「女神のワイヤーアートジュエリー」と名前が長かった頃がありましたが、女神巻き®に共感してくださる方のメッセージがきっかけで、名前のインスピレーションを受け2017年に「女神巻き®」の商標登録も取得しました。

年々受講生さんから「女神巻き®制作をしていると瞑想状態になり、1つのワイヤーペンダントを完成させることができるのは、癒しの時間になります」「霊的能力が開花しました」など、嬉しいフィードバックをいただくようになりました。

２０１５年の離婚を機に人生再出発したいと直感し、京都市に移住しました。移住して間もない頃は京都の伝統文化に興味津々でしたが、友達になった方のご縁で裏千家の茶室へ茶道のお稽古に３ヵ月ほど通っていた時期がありました。茶道は一瞬一瞬の所作に神経を張り巡らせるように指導され、忍耐力があまりない私には耐え難い時間でしたが、女神巻き®の精度を高め完成させる上で大切なインスピレーションをいただけたのです。

心を込めて丁寧に振る舞う所作は茶道の完璧な調和した美しさを生み出しているのですが、女神巻き®の繊細ワイヤーワークにおいても繊細な所作を0.1ミリのミニマムな感覚において手を抜くことなく丁寧に仕上げることがいかに大切かに気づけました。

こうして女神巻き®メソッドを年々進化させることができ、購入いただいたお客様にも調和した繊細美のアート作品をお届けできることができるようになりました。また女神巻き®協会を設立し、販売認定制度と認定講師制度もつくり現在に至ります。

女神巻き®メソッドが進化する中、「女神巻き®とコラボレーションしたい」とまるでストーンや天からメッセージをもらったかのような、美しいスピリチュアルなヒーリングストーンとの出逢いがありました。７色以上の多種多様なカラーを持ち、この世の創造物とは思えないほど神秘的な存在感溢れるアンダラクリスタルというヒーリングストーンです。古代の神聖な儀式にも使われていたと言われ、一説によると、脳の松果体を活性化し直感力を高めることから「賢者の石」と言われていたそうです。

２０１２年以降、人類の意識の次元上昇を助けるために、そしてスピリチュアルな感性が開き、魂が目覚めた方々のサポートになるため、このアンダラクリスタルは持ち主さんの元へ地中から次々旅立っているように私の直感から感じていました。

ある日ふと、アンダラクリスタルをお部屋に置いておくだけでなく、日々の生活やファッションに溶け込ませ、チャクラヒーリングとしても楽しんでいただけたらなあと想っていたところ、「胸元で身につけられるヒーリングジュエリーをクリエイトし続けて欲しい」とアンダラクリスタルの意識体から伝えられているような直感があり、ワクワクしながら制作販売を始めていきました。

弊社ブランドCrystal Devaの1点もののヒーリングジュエリーのうちのメイン商品「アンダラクリスタル女神巻き® ペンダント」は9年間で９００点以上をお届けでき、多くのリピーター様にご愛用頂いております。これは私だけのチカラではなく、自分を愛し精神的にも経済的にも自立するセルフラブの感性や、来たる風の時代が求める集合意識のニーズともマッチしたため、波にうまく乗れたのだと思います。

女性は特に一見無駄だと感じることでも、過去の経験から得たマイ知識を照らし合わせて素直に行動した方がいいと直感で感じた場合は、思い切って行動するのがオススメです。のちに思いがけない場面で収穫を受け取れるシンクロニシティや幸運とも言えるチャンスが巡ってくることが多いからです。

私の経験ではこういった恩恵は宇宙から受けられた方だと思いますが、これは私だけの特別な才能ではなく、誰しもが生まれながらに与えられた天からのギフトで後天的に目覚めさせることができる感覚です。あなたが勇気を振り絞って行動し開けた扉の先に見えてくる美しい景色に感動すると私は信じています。

これから起業を始められる方へのメッセージ

私の場合、魂が大切にしているエッセンスを独自のセンスを活かしてお仕事させて頂いく機会に恵まれたように感じます。2016年ごろから流行したスピリュアルブームのおかげもあったのかもしれません。「自由」「クリエイティブ」「ときめくこと」「五感が満たされる美しいことやもの」「スピリチュアルやヒーリングのエネルギーを生かしたアート」など魂の美意識や自分軸、美学を大切にし、そぐわないものはなるべく手放し、何より自分自身に正直に素直に生きてきました。自分の心地よさの直感に従って、2020年以前は海外で新作制作・販売を行い、2022年の秋、石たちが喜び光り輝く、海が隣接し自然豊かな鎌倉に再移住しました。そして世界情勢が緩やかになった2023年から、素敵な異国の土地のエネルギーと祈りを込めて海外で新月満月に女神巻き®新作制作も再開しました。

私のように、受け取った方が魂から癒されるようなヒーリングパワーのある商品を世に送り出す事業者は、自分の健康状態や意識の状態が売上という数字にシビアに反映されると感じています。だからこそ日々の自己管理は必須で、食事管理や自分を繊細に観察し内面外見ともに磨き瞑想と祈りを楽しく日々の習慣にして、全集中させながらマイ美意識やマイ美学を軸に丁寧繊細に生きることを大切にしています。

肩書きはヒーリングジュエリーアーティストですが、Crystal Deva のファンでいてくださるご購入者さん・女神巻き®の受講生さん・インスタグラムやブログのフォロワーさんは、私の生き方や美学に共鳴共感してくださっている方も多くいらっしゃいます。皆様からいただく愛のあるフィードバックはマイ美学を軸に生きてきた結果なのだと思います。

また、事業を永続することと複利運用できる長期投資は似ているなと感じています。それは、SNSなどで愛のエネルギーを乗せながら情報発信や商品を販売し、お客様とコミュニケーションを取る中で、目に見えない愛と信頼というエネルギーが膨らんでスピリチュアル複利となり、最終的にお金という目に見える物質として還元されるのかなと感覚的に捉えています。

これは誰しもが内側にもつ男性性と女性性のバランスをうまく取ることでできる女性ならではのビジネス感覚だと思いますが、優しい感覚で自分もお客様も幸せにしながら独立起業を本気で目指される方はぜひ参考にしていただきたいメッセージです。

そして繰り返しにはなりますが、もし本気でビジネスを安定的に築いてゆきたいという固い意志をお持ちの方は、始めたお仕事は諦めずに長期目線で続けて欲しいなと思います。

私自身は10年以上の月日をかけてゆっくり進んできましたが、ぜひスピリチュアル複利を膨らませて幸せにお金を循環させせていかれてみてください。

このようなメディアに露出すること自体私にとっては大チャレンジでしたが、個人事業から始まり15年の月日が流れ、私にも何かインスピレーションを与えられる存在になれるかもしれないと直感しました。お伝えさせていただいた言葉がこれから起業される方、今起業されていらっしゃる方の希望の光になれましたら幸いです。あなたがますます実り多き人生になりますよう心よりお祈りしております。

Message

あなたへのメッセージ

一見無駄だと感じることでも、
過去の経験から得たマイ知識を
照らし合わせて
素直に行動した方がいいと
直感で感じた場合は、
思い切って行動するのがオススメです。

阿部由起子さんへの
お問合わせはコチラ

株式会社フェリーチェ 代表取締役／ガリンペイロ合同会社 副代表
派遣業／障害者・女性支援／映画製作／会員制交流サロン運営

飯田恵美

波乱万丈人生を乗り越え見つけた天職！人生の試練に立ち向かうための考え方

Profile

青森県弘前市出身。幼少期両親の離婚で兄弟とも生き別れになり、青森県の祖父祖母に育てられる。人が経験しないような過酷な境遇にもめげず、学生時代は数々のアルバイトをこなし、社会人になってからも様々な職種を経験し派遣会社を設立。コロナの大打撃を乗り越え新規事業を拡大中。現在は小田急相模大野駅前に人と人とを結ぶ（男女のご縁やビジネスのご縁など）「会員制交流サロンフェリーチェ」を運営。2023年9月8日神職階位「直階」取得予定

1日の
スケジュール

Morning

7:00　起床、朝風呂

8:00　朝食

9:00　事務仕事、給与計算、雑務

10:00〜14:00　打ち合わせ、ロータリークラブ活動

15:00　サロン清掃、買い出し、派遣準備など

17:00　宴席挨拶廻り

18:00　サロンオープン

24:00　サロン片付け

25:00　就寝

Afternoon

波乱万丈人生の始まり

私が3歳のときに、両親が離婚しました。当時は離婚が珍しく、幼い私はこの後の人生がとんでもなく波瀾万丈になるとは思いもよりませんでした。3人兄弟の末っ子だった私はとても人見知りで、母親の後ろをついて歩く甘えん坊な子供でした。そのため姉と兄が大好きで、いつも一緒にいました。離婚によって私と姉は母親に引き取られ、年子の兄は父親に引きとられることになり、幼い兄弟は離れ離れになりました。

今思えば幼いながらに心の傷は深かったようで、当時の記憶は大好きだったミニカーやプラモデルで遊んでいたことしか思い出せません。離婚後は親が出稼ぎでほとんど関東にいたため、姉と私は祖父母に育てられました。小学校3年生になった時に、母親が急に私を迎えにきて初めての転校となりました。人見知りの私は環境に馴染むのに時間はかかりましたが、なんとか周りの環境に慣れた矢先に、2度目の転校となります。その後も小学校時代だけで4度の転校を経験しました。

小学校時代のまだ何もよく分からない時期に、親の事情での度重なる転校は子供ながらに相当のストレスでした。仲良くなった友達とまたお別れしなくてはならない寂しさで暗い毎日を送っていました。そんな中、私の家庭事情を知った小学校の担任の先生が、週に何日か我が家にわざわざご飯を作りに来てくれるようになりました。母親が仕事で不在の中温かいご飯を食べられる嬉しさや先生の温かさに感動して、このことは自分の人生の中で何よりも一番嬉しかった出来事でした。先生のように親切にできる大人になりたいと心に誓いました。他にも仲がよかった友達のお母さんは、遠足の日の朝にお弁当を作り忘れた母親の代わりに、私のお弁当まで持たせてくれました。こうした人の優しさにふれてきたことが、当時の救いになっていたのかもしれません。

中学校を卒業し高校生になる時期に、また衝撃的な出来事がありました。母親に私の学費を払えないため、自分で稼いで学費等を賄って欲しいと言われたのです。文句を言ったところでどうにもならないと分かっていたため、やっと自分で働いてお金を稼げると前向きに考えることにしました。高校入学してからは、登校前朝4時起きでコンビニ早朝アルバイト、学校終わりには2箇所アルバイトと学費を、稼ぐために結局20個以上のアルバイトを経験しました。高校時代はアルバイト三昧で部活や友達と過ごす時間はありませんでしたが、アルバイトでの経験が社会人になる下地を作ってくれたと感謝しています。

社会人になってからは赤坂にある企業に就職し、事務職をしました。その会社は後に上場を果たしたＩＴ企業で、会社全体が活気に満ちていました。事務職の私も毎晩残業になるような仕事量を持たされましたが、とてもやりがいのある仕事を任されていました。

その会社の人間関係はとても良く、新人時代に仕事でかなりの大失敗をしてしまい、本当に情けないのと、大変な事になってしまったと自分を責めていたら、私のOJTの先輩が私の失敗を庇ってくれて、夜遅くまでフォローをしてくれました。先輩のその優しさに感謝の気持ちでいっぱいになりました。

OL時代は、毎晩残業と仕事は大変でしたが、人間関係には恵まれていたと思います。そうして5年間OLを経験しましたが、退職してある派遣会社に勤めることになるのです。

相手を心から喜ばすには、見返りを求めず与えること。その思いを貫けば、相手に喜んでもらえるし自分も笑顔になれる！

接客業はそれを実行できる、一番やりがいのあるお仕事であると思います。

接客業という天職への道

社会人として会社勤めを始めた私でしたが、またもや衝撃的な出来事が起きます。それは、実家に多額の負債があったことでした。ＯＬの収入では到底どうにもできず、転職を検討せざるを得ませんでした。短時間で高収入となる仕事を探していた当時の私は、あるバンケット会社に面接にいきました。社長はとても気さくな良い人で、すぐに採用になりました。バンケットのお仕事は初めてで緊張はしていましたが、そこは様々なアルバイトで鍛えられた持ち前の忍耐力と器用さであっという間に打ち解けました。仕事に慣れ楽しくなっていくうちに、接客業の素晴らしさを感じるようになりました。

その後家庭の事情に巻き込まれ、やむなく退職することになりましたが、引っ越しを機にまた職探しを始めます。接客業の楽しさを味わった私は、また同じ業種を選びました。母親が出稼ぎ先でお店を経営していたので「カエルの子はカエル」というように、やはり接客業好きの血が騒ぐのかもしれません。

次に出会った老舗バンケット会社の女性社長は、とてもパワフルで明るく優しい社長でした。本当に娘のように可愛がって頂きました。リーダーを任されてからは、責任感も一層強く芽生えて、接客業の面白さが日に日に増していきました。辛さは一切感じないほど、お客さまにも恵まれ毎日が幸せの連続でした。

接客業はお客様との一期一会があり、本当に素晴らしいお仕事です。普通のＯＬ時代には出会えないような有名人や政治家や社長さんにも出会えて、文章にできないほどの経験の連続でした。

一つだけ紹介します。ある有名人Ａさん（みなさんご存じの方です）を含む４名の超ＶＩＰの接待を私１人で任されたことがありました。ホテル総支配人（現在はある企業の社長さん）からのご指名です。緊張のあまり、宴席の始まる２～３時間前から食事も喉を通らなかったことを覚えています。とにかくその有名人の著書を熟読してＮＧワードだけは発言しないように事前に勉強をしていきました。ご挨拶をして宴席に入ると、誰１人としてお酒を飲んではいませんでした。最初こそ私もノンアルコールを飲み皆様に合わせていましたが、なんとなく私の挙動不審を察してくださったのかＡさんが「えみさん、本当はお酒が飲みたいんでしょ」と声かけてくれたのです。

その後は、なんと接待の席で誰もお酒を召し上がらない中、１人だけお酒を飲んでいました（笑）通常考えられないような接待の席でしたが、持ち前のコミュニケーション能力で接待は無事成功し、ホッと胸を撫で下ろしました。そして次の日もＡさんが私を指名してくれて、また宴席が開かれたのです。これには心底ビックリしました。そして何よりも嬉しかったのは、色々な人間を見てきているAさんが「あなたは信用できる人間だ」「あなたは将来必ず成功する」と言ってくれたことでした。

私の人生においてAさんとの出会いは、確実に影響を及ぼした出来事になりました。信頼に応えるために更に頑張ろうと心に誓いました。

Aさんとの出会いだけでなく、毎日様々な業種の方々と関わることができるので、人間大好きな私にとって本当にやりがいがあります。人生勉強にもなるので、天職だと思っています。本当に毎日人に会うのが楽しくて仕方ありませんでした。

そんな毎日を過ごしてきた私に、社長から後継者をやらないかと打診がありました。後継者のお話はありがたく魅力的ではあったものの、今までの経験が自信に変わりつつあった私は、後継者の選択はとらず、思い切って独立の道を選択しようと決断しました。

独立を決断してからは、フル回転で動き回りました。既に仕事が決まっていたため、独立までの時間は1ヵ月程度しかなく、必要な書類やドレスの準備など思い出せないくらいあっという間でした。それでも、集中力と行動力で2016年6月1日に「株式会社フェリーチェ」を設立することができたのです。開業初日から宴席が4件決まっていたため、人員確保に苦労しましたが、周りの人達に助けられ無事に終えることができ、感謝の気持ちでいっぱいになりました。それから多い時にはスタッフが120名になり、会社運営は順調で休む暇もないほどです。繁忙期には、毎日ユンケルを飲んでしのいでいます。

開業以来スタッフと家族のように寄り添い、お客さまに対しては、常に感謝の気持ちで相手の立場になり、最大限のサービス精神で接することを心掛けてきたからお仕事も頂けていたのだと思っています。

人に優しくされたらその3倍にして恩返しすること。

そういう気持ちで接していけば、優しさの循環で人間関係がうまくいきます。

人生の試練に立ち向かって

　会社を立ち上げてからは、繁忙期には1日8件～9件のご挨拶回りをすることがしばしばあり、睡眠時間が2～3時間の日も多かったです。スタッフの管理や経理、ギャラ付け、伝票作成などの雑務が山ほどあり、1ヵ月全く休みがない月もありました。どんなに忙しくても弱音を吐くことなく、日々のお仕事と向き合ってきました。それは接客業が私に一番合っているお仕事で、毎日が楽しいと思えたからです。

　仕事の合間には交流会や飲み会など積極的に参加して仕事に繋がる人脈作りに励んでいました。多分普通の人だったら、私と同じような生活をしていたらとっくに倒れているでしょう。この生活を続けていたらいつか変調がくることはわかっていましたが、体力に自信もあり、大丈夫だと思い込んでいました。しかし、毎日帰宅すると全身の力が抜けて、楽しさの反面、人のちょっとした発言に一喜一憂して考えこんでしまう時間が増えるようになってきたのです。

　そんなある日、毎週の交流会に向かう電車の中で異変は起きました。「息ができない」「胸が苦しい」「身体があつい」といったパニック発作が起きたのです。何年か前にパニック障害になったこともあったのですぐに電車を降り、トイレで顔を何度も洗ってペットボトルのお茶を一気に飲みました。深呼吸してベンチに座り、なんとも言えない不安感に襲われて抜け殻みたいにボーッと遠くを見つめて、とにかく楽しいことを考えてひたすら症状が落ち着くのを待ちました。

知らず知らずのうちに心身を酷使していたのです。その後何度も同じ症状が起き、しばらくは仕事も生活するのもやっとの毎日でした。自然の中でのお散歩や周りの人達の優しさやアドバイスの甲斐もあり、パニック障害を克服することができました。パニック障害の辛さは、かかった人にしかわからない位本当に辛くて苦しい病気です。

やっとパニック障害を克服したと思ったら、今度は新型コロナウイルスが始まりました。宴席予約はキャンセル続きで、サービス業は大打撃をうけました。ポジティブな私がうつ病になるほど落ち込み、毎日テレビを見るたびに不安と焦りでいてもたってもいられない状態でした。仕事がなくても生活費はかかるわけで、貯金を切り崩して生活をしていました。家の中のものを断捨離し、少しでもお金に変えて、親のように借金だけはしないように努めました。

ある日古くからの仲間に「毛皮のコートは売れないし捨てようかな」と話したら「俺が20万で買いとってあげるよ！」と新品で購入した時と同じ金額で買いとってくれました。

涙が溢れました。感謝しきれません。彼だけでなく苦しい状況の中、助けてくれた仲間には、絶対に恩返しすると決めています。

コロナ禍で本業の不振からどう立て直したらいいか、ずっと考えていました。時間だけはたくさんあったので、自分の今までを振り返りました。「昔から人と人とをつなげるのが好きで、男女のご縁、ビジネスのご縁、様々な縁結びをしてきたな、交流会も色々と会場を借りて開催していたな」と思い出しました。でも、飲食店はリスクが高いし、料理上手でもないし、飲み屋さんはトラブルがあったときに怖がりな私には向かないと思っていたら「交流サロン」というワードが突如舞い降りて来たのです。

これを機に２０２１年12月４日に「会員制交流サロンフェリーチェ」をこれまた、１ヵ月余りでオープンすることができました。

私は波瀾万丈の人生だからこそ、何が起きても「すべて想定内！」と思い、冷静に対応することを心掛けています。

良いことも悪いことも全ては人生の１ページ。

人と人を繋げる交流サロン

2021年12月4〜6日の「交流サロンフェリーチェ」オープンイベントには、多くの人達がお祝いに駆けつけてくれました。本当に素晴らしい仲間達やお客様に恵まれていると実感しました。交流サロン以外にもコロナ禍になってからたまたまのご縁で、保険代理店、健康器具販売、抗原検査キット販売、オンラインコンパニオンもやりました。コロナ禍の逆境をバネにして、イベント派遣や派遣業全般と仕事の幅も広がってきています。

コロナ禍で一時期は鬱っぽくなり、悩んでいた時期もありました。でも、幼少期からの辛く苦しい出来事を経験して、どん底を味わってきたからこそ「それ以上の底はない。上がるしかないんだ」と、思いつくものはなんでもやってみました。

周りからは「コロナ禍なのになんでじっとしていられないのか」など、批判めいた言葉を言われることもありました。それでも頑固な性格の私は、何かチャンスがないかといつもアンテナを張っていて、面白いと思ったことはすぐに実践しています。それが今の私に一番大事なことだと思っています。

「会員制交流サロンフェリーチェ」はご紹介が条件で、定期的にイベントやセミナー、婚活パーティー、異業種交流会等、人と人とのご縁結びをするサロンとして運営しています。もちろんお1人様でも私に会いにきたいという方はご連絡頂けたらサロンをオープン致します。そして、今までのご縁の集大成というべきで新規事業を立ち上げる予定です。コロナ禍で私自身は大打撃を受けましたが、飲食店やホテルもかなり打撃を受け、倒産やお店を閉めたところを見てきました。そして、貧困でシングルマザーや支援が受けられない女性がかなり多く、自ら命を落としてしまう方もいらっしゃいます。

今回ご縁があり世の中の仕事がなくて困っている女性、シングルマザー、子供が小さくて働きに出られない女性達のために女性支援、障害者支援につながる事業を立ち上げようとしているところです。

自分が大変な思いをしてきたからこそ、弱い立場の女性や弱者を助けたい、困っている人の役に立ちたいと常に考え、これからも行動をしていきます。今回の事業が、その一助になればと心から願ってやみません。

今の私には、幸いにも協力してくれる仲間達がいます。そして、その輪がどんどん強力になって拡大しているのを実感し、本当にありがたい事だと心から感謝しています。「人財」というべき、一番大事な素晴らしい仲間達に出会えたことが私の人生において1番の収穫ではないでしょうか。

Message

あなたへのメッセージ

何が起きても
「すべて想定内！」と思うことで、
困難は乗り越えられる！
良いことも悪いことも
全ては人生の１ページ。

飯田恵美さんへの
お問合わせはコチラ

株式会社イーク 代表取締役／株式会社ヨシダホーム 代表取締役
保育事業／飲食事業／建築業

上野美幸

波乱万丈人生を乗り越え見つけた天職！人生の試練に立ち向かうための考え方

Profile

1971年、北海道音更町出身。短大卒業後、保育士として勤務。2011年十勝で働くキャリア大賞入選、家業の建築屋であるヨシダホーム社長就任。2016年北海道男女平等参画チャレンジ賞受賞。2017町議会議員に。その年12月（株）iik イーク設立。保育・学童保育所、飲食、地域イベントを企業や町と開催展開。2021年北海道から女性の働き方改革で表彰、2023年、屋内あそび場を子育て世代の繋がりにと展開予定。

1日の
スケジュール

Morning

6:30 起床、メールチェッ

7:00 娘の朝食、見送り

7:30 メール返信、本日の事務連

9:30 ヨシダホーム、学童、保育園

13:00 ランチミーティング
保育園・バンサン
現場打ち合わせ、見回り等
来客対応、会議や企画打ち合わせ

18:00 事務打ち合わせ、事務処理

19:30~20:00 帰宅　夕食

22:00 入浴　明日の確認、残務処理

25:00 就寝

Afternoon

子どもの頃からの夢

私は子どもの頃保育士になるか、父のお嫁さんになることが夢でした。短大卒業後、院内保育園に就職。保育士として務めました。

当時、院内勤務保育士は夜勤を入れると３６５日24時間の労働でしたので、同僚は結婚を機に家庭とのバランスが取れず何人も退職をしていき、そんな中29歳で私は保育士主任となり、子どもや保護者が安心できるのはもちろんのこと、仲間達が挫折しない保育園づくりに邁進しました。

園児達にも馴染みある職員が退職しない子ども支援、親支援ができる保育園を目指し、女性が働ける環境づくりに女性であり、所属長である私が自ら権利を習得しました。

会社から理解を頂くのは大変でしたが、後に続く後輩達の働ける環境を作ることが保育園にとっても、地域にとっても大切であると感じていましたし、我が子と共に働きながらの子育てを後輩達の見本として実践しました。おっぱいを吸わせながら勤務表を作り、自身が盾になり実践することは容易なことではありませんでしたが、産休中も後輩保育士が困らないように現場に行き、指導して、誰一人辞めない職場づくりを目指しました。

その後、産休制度が定着し、会社の理解を得ることができ、働ける環境づくりに成功しました。やり甲斐や持続できる職場づくりを行うことで、たくさんの子ども達や保護者やスタッフから笑顔を頂くことができ、笑顔のプロセスを教わりました。

自然な笑顔とは、①ここは安全だ。②ここは安心だ。③信頼された時に、笑顔を頂けることを実感しました。子ども達から真の笑顔を頂いた経験は私の全ての原点になっています。保育士時代はたくさんのことを学ばせて頂きました。

スタッフ達との信頼関係と共に18年近く働いていた保育園を退社し、その後は自身のスキルアップのため、支援センターで子ども達や地域の保護者の方と関わらせて頂きながらたくさんのご縁があり、20年余りの現場保育士生活を終わらせました。

保育士生活を通して、相手から真の笑顔を頂くことは、信頼に繋がり、笑顔からやりがいやチームワークの大切さを学び、全ては相手を思いやる「愛」から始まるんだと感じました。

新たな挑戦と自己進化

私の実家は36年続く建築屋であり、13年前父から会社の経営が厳しいと始めて話を聞き、実子である私が事業を承継しなければとスイッチが入ったのです。「やるなら社長！」と発起しました。

父の会社では私のできることを取り入れました。建築のことを知らなかった私は、図面はミリ単位、金額は千単位と慣れない数字に悪戦苦闘し、営業社員や家族からも面倒がられ、何を聞いてもきちんと教えてくれる人がいませんでした。ほぼ家族経営だったので一人で何役もこなしている中に、素人の私のことまで手が回らなかったんだと思います。

行動あるのみで、分からないながら全てを一緒に仕事をしていましたので、知識を蓄える時間が足りず、子どもの世話や家のことを終わらせてから夜な夜な会社に行き、営業や社員が捨てた書類をゴミ箱から拾い、見てもすぐには分からない書類を何度も見返し、全く分からず涙を拭いながら調べ、気持ちは途方に暮れていました。

何とか私を信頼してくれるお客様の希望に応えたいと、週に何度も朝まで解読しました。お客様が家を建てて家族が幸せになる願いを叶えたい一心でしたし、私は父の作る家に自信がありました。しかし、たくさんの人に周知したい思いとは反対に、2年目に赤字となってしまったのです。会長である父から叱責を受け、建築関係者からは娘が会社を潰すかもと言われ、会社全体を不安にさせてしまいました。

この時に社員の不安を煽り、営業社員が退職していき、新人の私が営業のトップとなったのです。建築を知らないで入社してしまい、無責任な社長だと判断されたのでしょう。責任の重さに押しつぶされそうになっていたことを思い出します。営業がいない中で昼夜を問わず働き、子育ては自分の親に託し、子ども達との約束を守れない日々に胸が張り裂けそうで不安定にもなったことも度々ありました。

しかし、代表としての責任から逃げる訳にはいかない、子ども達に申し訳ない気持ちを持ちながら、自分の知識の薄さに劣等感を持っていた矢先、家づくりについてもっと学びたいと思い、会社の反対を押し切り強引に建築フランチャイズに加盟しました。

ここで昼夜問わず全国の仲間と勉強し、人脈や知識を蓄えることができました。この頃紹介で出会った東京の4D/GROUNDWORK の塚本代表は、私の根本的な家づくりの常識を覆したのです。その後、建築のフランチャイズは2年で脱退し、その知識を活かして自ら企画を立て発信。また、塚本代表のデザインコンセプトでの家づくりは地元で36年、実直な仕事をしていたヨシダホームの家づくりにマッチングしました。

当時は使える宣伝の予算がなかったので、無料のＳＮＳで発信し、会社の認知を上げました。その時に、協力してくれたのが保育士時代に関わって頂いた保護者や子ども達でした。新たな会社に対する姿勢を見た人が営業として会社の一員になり、意見交換会を実施したことで、家づくりに女性目線、子ども目線を取り入れることができました。モデルハウスは売れ残ることなく、最長でも３ヵ月以内に販売は終了し、来場したお客様から顧客獲得へと繋がりました。売上は３年目にして徐々に伸び、近年では３倍近くになりました。これも関わって頂いたたくさんの方のお陰だと、感謝の気持ちで一杯です。

私はこれらの経験があったからこそ、できないことにフォーカスするのではなく、できることを強みに人の役に立ちたいと考えることができるようになりました。

そして、新たに地域の学童保育園のプロポーザルにも挑戦しました。しかし、会社からは本業に影響するという理由で反対されました。新しいことを取り入れることへの不安が会長や社員にあったのだと思います。

採択が下りなくても挑戦する姿を我が子へ、そして教え子達の勇気や元気になればと諦めずにプレゼンに挑みました。すると、２施設の採択を受けることができ、現在はスタッフと共に地域に根ざした学童保育所の運営も行っています。また、地元新聞社とコラボし、とかち子育てフェスを開催。ブースは女性達の出店を中心に活気づきました。子育て世代に向けた子育て支援の応援。２０２３年には第7回の開催を予定しています。

　開業支援や出店支援を行い、女性の自立を応援したい、ここから個人事業主として自立する女性、人の繋がりで社会復帰が叶った女性、子育てママの繋がりなどさまざまな繋がりを得る、人と人が繋がるイベントとして定着しています。毎年参加人数は出店者を含め１０００人近くとなり、地域に人と人の輪を広げるイベントとなりました。

　また、学校や施設で子ども達の社会人講師として十勝管内や東北などにも呼ばれ、私の生き方や想いをたくさんの方に共感してもらえたことも励みになりました。

　ある学校で、将来の夢がないと話す子がいました。学生時代は好きなことをたくさん見つけて友人と共感し、好きなことから将来の自分の夢が見えてくることを伝えました。好きなことのない人はいないと思います。そこから夢を見出せたらいいなと思います。私も自分の夢を諦めることなく紡いでいた一人です。

　そして、必ず応援してくれる大人や友人がいることも気が付いて欲しいと話しました。子ども達が各々と好きなことを話し始め、笑顔満載になりその夢が未来に繋がっている話で温かい時間になりました。

　私は子どもの頃から一番の相談相手は父でした。今まで見てきた父の経営学、私のできることをプラスした会社づくりは人と人のご縁を大切に、そして会社の代表としての全ての責任は私にあることを学びました。また、仲間からはどんな人ともwin-winになる関係が大切であることも改めて教えられ、私の指針となりました。想いは諦めなければ必ず通ずる。それは形だけにこだわるのではなく、者に対しても、物に対しても、どんな時も想いは大切な私の財産であると感じています。

家族の反対を押し切り、地域の皆さんに地元町議会議員にさせて頂きました。補欠選挙でしたが、4月3日の投票日を目の前に出馬表明したのが3月20日。女性支援、子ども支援ができるとの言葉を頂き、私のライフスタイルが誰かのためになるならと立起したのです。町内会の皆様や仲間達には大変ご迷惑とご協力を頂きました。選挙カーに初めて乗った経験、その選挙カーを追いかけて来てくれた教え子に感動し、有権者の方が家から出てきてくれたことにも感動しました。

その時に言われたことがありました。それは学歴のことでした。私は私学の学校でしたが、私学に行っても「議員という職に挑戦している姿に勇気を頂いた」「我が子にも夢を持つように伝えたい」と言われました。私はすごく嬉しく感じました。志を持てば、夢を諦めなければ、自分の居場所を作ることができる可能性があること、そしてその可能性は自分で築くことができるんだと、この時はまだまだスタートラインに立ったばかりのヒヨコでしたが、皆さんの声がとても力になったのです。

自らの決意（株）iik イーク設立へ

地域のたくさんの女性たちの声をカタチに。その傍ら、議員としてまちづくりの視点から女性や子どもたちの支援の在り方を見ることで「私自身が地域に根ざした会社を作りたい」「沢山の女性や子どもたちの役に立ちたい」という想いが芽生え、「育」をテーマとする会社の設立に至り（株）iik イークが始まりました。

国が設立する企業主導型保育園に参入すべく採択に挑戦。これもまた、会社や家族から反対を受けましたが、その傍ら私が保育士時代に働いていた仲間や、共感してくれた仲間が集まってくれました。女性が結婚し子育てしながら仕事をする困難や問題をどう解決できるか。女性が一旦仕事を辞めてしまうと中々社会復帰ができない、家庭とのバランスを配慮した職を探さなければならない問題など。私の経験から女性が心や体のバランスが取れる職場を作りたい。働きたい気持ちを大切に誰も離脱することの無い環境を作りたい。

女性は物事を丸く優しく捉えます。場を和ませたり、配慮ある気配りができたり、その場を良くしたい思いがあり創意工夫をしようとします。とても頑張り屋さんが多いなと感じます。その温かい想いを社会の役に立てるべく会社づくりに取り込んでいます。

家庭も自分も大切にできる仕事であって欲しいと思い短時間しか働けない女性を働ける時間内で社会復帰をさせ、自信を付けながら家庭とのバランスを見て数時間しか働けなかった女性が、我が子の成長や家庭とのバランスに合わせて、今では半日からフルタイムに近い時間で働く職員もいます。会社の要求ばかりではなく、その人自身を尊重できる会社でもありたいと思います。

そんな矢先私事ですが、２０２０年、49歳の秋、コロナ禍で検診に行くことを先延ばしにしてしまい、２年近く行ってなかった婦人科検診へ行きました。昼からの仕事を詰め込んでいたので、すぐ会社に戻る予定でしたが、何時間も再検査をされた結果、全体の３％しかいない固いシコリにならない粘液性の乳がんでした。頭の中が真っ白になり、一番に子ども達の顔が浮かびました。

物凄く忙しくしていた矢先、子ども達のためにこれから母親らしい事をしてあげられると思っていた時期だったので、かなり動揺し、待合室の記憶がありません。稀なガンであり、経験ある先生は検診先にいなかったので、すぐに私の知人の先生がいる専門の病院へ行きました。

私は数年前から乳がんの啓発活動を行なっていたのに気がつくことができなかったことへの驚きと、「まさか私が…」でした。正面からは１㎝の大きさ、しかし開口してみると縦に４～５㎝伸びていたそうです。私は検診で見つかりステージ１。違和感があり受診する方は大体がステージ２以上と聞きました。私のがんはがん化が低い種類で、幸いにもリンパ転移がなく、現在は予後を大事に過ごすことが大切だと言われています。私の教訓から、我が社は乳がん検診を積極的に行い、女性が活き活きと笑顔で活躍する場づくりを行いたい。会社や地域をたくさんの笑顔にできれば、きっとその環境の枠を超え、社会の大きな力になると確信しています。

いつもスタッフに社長の仕事は、①現場に寄り添うこと。②アイデアを出すこと。③職場環境を守ること。と伝えていますし、私自身も心に誓っています。女性の働き方改革に挑戦し採択を頂き、２０２２年１月北海道より受賞を頂きました。２年に１回の審査にクリアできることも会社を設立した私の責任であると肝に銘じ、奢ることのないように心掛けています。今日も昨日よりもたくさんの笑顔の連鎖を作りたい、そう皆で頑張りたいと思っています。

いつも誰かのために働く楽しさを感じていたい

（株）ヨシダホームは2023年で36年目（株）iikイークは6年目を迎えます。全ては周りに共感、協力をしてもらっていること、スタッフにはたくさんの迷惑をかけつつ、付いてきてくれることに本当に感謝をしています。

2021年帯広市にイタリアンレストラン・バンサンを開店しました。コロナ禍でありましたが、笑顔で集う場をとアフターコロナを見据えた決断でした。この場所は地域でも以前より賑わっていた場所で、またきっと人が笑顔で集う場所になると思いました。

ここ近年飲食業界が苦戦しています。働いているスタッフのことを考えると売上を含めどうしたら良い循環ができるのか、スタッフ達のモチベーションを下げずに働いてもらえるのかといつも考えています。

会社の役割として、全てのスタッフに不安を与える会社であってはいけないこと、共感してくれるスタッフと一緒に仕事をしていく大切さを感じています。だからこそ、会社はアイデアを出し続け、関わる事柄のニーズに応えながら、スタッフと共に歩みたいと感じますし、決断をしなければいけないことが多々あり、経営は孤独の戦いだと実感もしています。

コロナ禍の飲食出店は反対されるのではと言い出せなかった日々もあり、父には新聞記事に載る前日に話しました。またまた驚かせたと思います。

私には夢がありました。保育士として食育の観点から、食卓を囲む家族の在り方や食を介したコミュニティの場所を作りたかったのです。家族や仲間との大切さを感じ取れる場として飲食に踏み切りました。

初めての飲食運営に切磋琢磨しましたが、コロナ禍でスタッフを思うように働かせてあげられない現状もあり、何とかスタッフにやり甲斐のある環境を作らなければ、そこに集まるお客様に対しても笑顔でおもてなしができる飲食店を作りたいと私自身も現場に入り、スタッフの現状とお客さまの様子など現場を知ることも始めています。

全てが手作りで仕込みから始まるイタリアンレストラン・バンサンは子ども達も安心して食べられるメニューも決め手になりました。そして2023年、飲食店内にコミュニティスペース『キッズcafé「こっこ」』の展開を予定しています。ママや子ども達が地域の方と繋がる場となり笑顔の場になってもらえたら、各種イベントや、お話し会ができたらとも考えています。子ども達の遊び場として、ママ友との休憩を兼ねたおしゃべりスペースとして。みんなが集う場所として利用してくれたらと願っています。

（株）iikイークが次に目指すのは人材の育成やチーム力、若い世代に勇気と元気とやる気を繋げていけるような「育」をテーマにした心や者、物の育みです。（株）iikイークでは常に対する相手に愛を持って進みます。ヨシダホームのホールディングス化も視野に、地域に根ざした愛ある会社でありたいと感じます。人の役に立てること、誰かを笑顔にできることを大切に、保育園時代の子ども達の笑顔からたくさんのことを学びました。

現在もその想いが揺らぐことはありません。私が今までやってきたことに反対されたのは多大なる心配をしてくれていることと分かっています。しかし、私は地域のニーズに対する閃きに動かずにはいられなかった。超ガンコ者に関わってついて来て頂いたスタッフには頭が下がり、感謝の気持ちで一杯です。ありがとう。

保育士は私にとって天性の職でした。無垢な子ども達からたくさんの信頼を得た保育士生活はとてもたくさんの学びと幸せを頂きました。私に関わって頂いた方々のお陰で今の私があります。この思いをたくさんの方に恩送りしていきたい。そのためにも夢を変化させるのではなく、進化させながら有言実行！　簡単には砕けず、その経験を糧に進みます。自分のできることを強みに！　全責任を持ち、志高く進むトップでありたいと心に誓っています。地域に笑顔があふれ、育て育み繋がる笑顔へ続く会社づくりを目指し、スタッフの気持ちに寄り添いこれからも邁進します。

Message

あなたへのメッセージ

周りから反対されたとしても、
諦めずに挑戦し続ければ、
共感して協力してくれる人は必ずいる。

上野美幸さんへの
お問合わせはコチラ

なおしやけあき株式会社 代表取締役
服のお直し事業

浦田けあき

最速スピードで
想いをカタチにする
「けあき法則」
それは自然に生まれた
「赤い糸STORY'S」

Profile

大阪出身。20歳の時、ウェディングドレス会社にてハットデザイン部へ配属。装飾デザインを担当し想像力を磨く。35歳で直し屋店長を経てオーナーへ。店舗運営が大成功し20年間で４店舗を展開。お客様の絶えないお店へ。更なる夢を叶えるため51歳でサロンのような直し屋＋カフェ＋フォトスペースもある「直すカフェ赤い糸」開業。新規事業で訪問リフォームの初展開をスタートした。

1日の
スケジュール

Morning

7:00　起床

7:30　SNS投稿・連絡確認

9:00　ジムでトレーニング

11:00　直すカフェ赤い糸 出勤
（接客・応対・お直し・カフェ業務）

18:00　閉店（日により 残業あり）

18:30　他店舗へ仕事の打ち合わせ

20:00　セルフエステへ
行く

22:00　帰宅

Afternoon

キッカケは祭の国プエルトリコ人との結婚

始まりは1997年夏。祭の国プエルトリコのサルサミュージシャンの彼と日本で運命的に出逢いました。彼はラテンの国の人。陽気で超楽しい。出逢った瞬間、稲妻が走ったような感覚。熱く燃え上がる炎のような恋に落ちました。

大阪京橋にある宿舎へ通い、彼とサルサ仲間たちとの賑やかな祭のような毎日が続きました。

そんな楽しい日々も終わりがあり、彼の帰国が決まった2月。もう逢えないと思うと、この世の終わりかと思うほど大号泣し、辛い別れを経験しました。

だけど、彼の情熱は熱く、住んでいたNew York Bronxの生活を全て捨てて、遠く離れた私のいる日本へ再び戻ってきてくれました。

2001年9月12日に再婚。彼との間にも愛息子が生まれ、2人の息子の母になりました。楽しく笑いの絶えない毎日を過ごしていましたが、その後には厳しい現実が。旦那は陽気なラテン人。日本の固い職場環境が合わず、おまけにワガママ。いつも家にいる、ただの大きな人になりました。

体力・メンタルとともに強く負けず嫌いな私は、家族が生き延びるためにアンテナを最大限に張り、周辺環境から情報を拾い集め、近所の服の直し屋を発見。

元ウェディングドレス会社、ハットデザイナー経験を生かし、手に職をつけて「職人に成る！」と家族の生活を養う決意をしました。


決意とともに街の直し屋に飛び込み、一からお直し修行を開始。未経験の私を雇ってくれた事も幸運。乳児と小学生の息子を旦那に託し、土日も休むことなく働きました。就業時間が過ぎても、大量の直し作業が終わるまで帰宅できず毎日残業続きの厳しい環境下でした。

そんな生活にも限界があり、下の子が6歳の時とうとう離婚。夫が急にいなくなり、育児と仕事で日々追われ、仕事後保育園に急いでお迎えにいくと、可哀想にいつも最後の1人で。

満面の笑顔で私を迎えてくれる次男。

父親がわりにお手伝いしてくれる長男。

絶対に現状を変え、この仕事で成功し、息子たちを幸せにすると固く心に誓いました。

仕事でも夢を掴み、子供達の母にもなる厳しい時期にどちらも諦めなかった私。今でもいつも身近にある愛の結晶。家族と仕事。凄く幸せです。

「想い動く」チャンスの種まきをしよう

クリーニング店の新規ビジネスだった服の直し技術者募集を、偶然にも見つけパート勤務を開始。私自身が3年弱の直し修行で学んだ技術がドンピシャ役立ち、お客様にも大好評で、それが独立への第一歩になりました。

35歳の時、大手直しフランチャイズ会社から、後に大チャンスとなるオファーを頂きました。当時話題の大型ショッピングモール内で、お直し店のオーナーになってほしいという凄いお話が舞い込んできたのです。

ショッピングモール内ではパンツの丈詰めの直しが溢れるほど入って来て、その頃私はパンツの丈詰めは修行の成果で、完璧、綺麗、自信もありました。

オープン当時担当者より「スタッフ皆がパンツの丈詰めできないため、直営店長として勤務してもらえませんか?」と。丈詰め以外は、まだまだ直しの技術が不足がちだったのですが、有難いお話なので、もう即決。オファーを受けることにしました。

このチャンスのキッカケは、アンテナ張りと種まき。お直し大手フランチャイズ会社のオーナー募集での面接に出向き、「丈詰めで困った時があればいつでも応援に行きますからお声がけください」と伝えていたことです。

その一言が、今の自立への道へ導いてくれたのです。

2004年1月36歳で正式にお直し店のオーナーとなりました。本部から個人への直接依頼は珍しく、滅多にないチャンスでした。その後365日年中無休の運営をスタートし、きつい労働の日々が続きましたが「やる気、情熱、笑顔、明るさ」を絶やさず、店はいつしか大人気に。お客様の絶えないお店となりました。

後に2店舗本部からの御依頼で追加。現在3店舗のフランチャイズ経営をさせて頂いています。


接客業でもある「お直し」それは1番大変な時に勤めていたラウンジレディーのアルバイトや飛び込み営業の仕事が役立っていて、自然に営業ノウハウが身に付いていたのです。

苦労時代の経験は、全て生きる糧になりました。

「夢の実現」サロンのようなお直し屋さん

複数店舗の運営を継続していくなかで、2019年2月14日「直すカフェ赤い糸」を開業。「赤い糸」その名は、私の想い。

人のご縁が集まり、人と人との幸せな繋がりが生まれる場所。訪れた方が、笑顔で幸せな気分を味わって帰ってくれる癒しの空間。看板、内装、外装など全てがそんな想いで満ち溢れる場所を作りたかったのです。

夢だったお店を実現させるため、お店を借りる時も迷わず即決。人を幸せにしたいと願うとき、躊躇なく生まれる決断力と運が今でも私の強い味方になってくれています。

開業翌年の2020年。思いもしない新型コロナウイルスが流行。ステイホームの期間は、服の整理で見つかった大切な服を直してほしいと、たくさんのご依頼がきました。服だけではなく、大切なものなら毛皮やバッグ、破れた小物でも何でも直しました。お直し職人の手腕を生かした技術ですね。

カフェ空間やフォト空間を店内に作り、お直し店では通常はない特別な演出を組み合わせました。

お直しの待ち時間に、コーヒーを飲んでホッとひと息つけます。カフェでのコーヒーはラテンの国で育った豆。香りのよい本格的な挽きたてをご用意。

フォト空間では、お直しのビフォーアフターを撮影。コロナ渦には結婚式ができないご夫婦のドレスを作りフォト撮影をしたり、こだわりのあるコスプレ撮影をしたりと人気のカフェ赤い糸です。

長男は私と真逆でしっかり者で、仕事に没頭する私の代わりに経営のマネジメントを全て担当してくれています。とても助かる存在であり、次男は開放的な自由人。ラテンの血を引き継ぎ、感覚的分野のカフェマスター兼、刺繍職人です。

様々な展開を繰り広げた赤い糸は、新規事業「訪問型リフォーム」をスタート。

私「職人けあき」私自身が運転して、とてもかわいいアートが施された『直すカフェ赤い糸カー』で、オファーがあれば必要とされる場所にお伺いし、お直し相談や技術指導、その場でお直しもします。既に地域の大型老人ホーム施設からのご依頼があり、予約でいっぱい大盛況の訪問リフォーム。月に2回の訪問日、職人けあきを楽しみに待って頂いてます。

訪問リフォームは外に出られず困っている方々の助けにもなり、きっと喜びや楽しみにもなるはずです。なぜなら、大好きな服や大切なものが蘇るのです。

たくさんの「ありがとう」と最高の「笑顔」がいつもいただける仕事。凄い天職と巡り合えたと感じています。

想いのままに、思いつくままに……私のビジネスのやり方。プラス、速攻行動。展開が素早いと、みんなに驚かれています。

それがやり続けた『けあき法則』なんです。

出陣「職人けぁき」お直しカーでGO！

想像は止まらない。湧き出るアイデアがまた1つ現実に。あったら嬉しいお直し訪問サービスで、職人けあき自ら動きます。

躍動感溢れることが好き。本当は、外へ出たかったから。

絵が好きだった私。店にはアートな空間作り、カウンターにはプエルトリコのフラメンコビーチ。赤いシャンデリアも赤い糸の個性を出しています。服の直し屋でカフェ、ビフォーアフターが撮れるフォトスペースも完備。カメラ撮影も致します。唯一無二のスタイルを確立。大切な服は依頼者にお会いして、直接打ち合わせや採寸。どんなに深い想い入れがあるのかを肌で感じるのです。

「特別な服だから」と依頼していただき、時には泣いて喜んでくださることもあり本来持ち合わせている情熱を静かに表現できる仕事。天職を探し当てたのです。

最強の仲間ミシン達と毎日打ち合わせ。さあ、今日も大切な服たちを直しましょうかと。

職人になると決めた日は忘れません。

下の子を身籠もってからギリギリまで、電車で一駅の距離にあるBARに自転車で通勤していました。

ママだったけれど、よく働いた過去。ど根性母さんでした。「母は強し」その言葉がピッタリだったかもしれません。その上愛情も半端なく、子供を連れてどこへでも行きました。エモーショナルなんですよね。

恐れず、真正面から向かい合うのは誰にでも同じです。信念を持ち続け進んできた道。仕事で関わる方々と進む道が違えば、はっきりお断りすることもあります。

なぜなら、限られた時間を大切に使いたいから。今、仕事でお付き合いのある方々は赤い糸で結ばれている最強のパートナーです。

いつも私にあったのは、負けず嫌いな強気と根性。想像を現実にする行動力は、ずば抜けていました。きっと私は、雑草のように強いのでしょう。


立ち向かう勇気が、私のキーワード。

皆様も強い心で向かっては如何ですか？

身体とメンタル鍛えて更に前進、職人けあき。

幸せの赤い糸カーで、貴方に逢い行きます。
人生で情熱の国プエルトリコと深く関わり、父方、熊本の血が流れる火の国の女。
情熱のままに生きて。
何度も燃え尽きるまで。
Burn（燃える）、Passion（情熱）、Emotion（情動）
それが、職人けあき。

私の想いがカタチとなった唯一無二の店【直すカフェ赤い糸】
その情熱に触れに来て下さいね。心よりお待ちしています

Message

あなたへのメッセージ

想いのままに、
思いつくままに……。
プラス、速攻行動で「想い」は
カタチにできる!

浦田けあきさんへのお問合わせはコチラ

HP

Instagram

CHACHADO 代表
フラワーショップ経営

門脇まゆみ

フリーアナウンサーを経てフラワーショップをオープン！好きなことを仕事にするヒント

Profile

福岡県出身。岡山大学教育学部卒業後、山口放送に入社。局アナを経てフリーアナウンサーに。フラワーアレンジメントを学ぶために渡米。1995年フラワーショップ CHA CHA DO をオープンする。WAFA 世界大会 in アイルランド奨励賞受賞。2回の移転で事業の幅を広げ、現在はカルチャーサロンスペースと結婚相談所 CHACHADO ヴィオレをフラワーショップに併設し、花のある場所で人をつないでいる。

1日の
スケジュール

Morning

5:30 起床

6:00 ウォーキング

7:00 スケジュール確認・仕入・仕事の準

10:00 ショップ、サロンのオープン

13:00 休憩

18:30 フラワーショップのクローズ・
サロンの仕事は続く

20:00 帰宅・夕食など

23:00 就寝

Afternoon

なれないなんて思わない

フラワーショップCHA CHA DO（チャチャドゥー）では、店内で素敵なカップルのプロポーズが行われることがあります。そんな時、私は昔の仕事を思い出しアナウンサーみたいに司会をして、花やお客様たちと一緒にお二人の未来を祝福しています。「人と人が笑顔でつながっていく」そんなフラワーショップのストーリーです。

幼いころから、花がとても好きでした。庭には母が育てている野菜や植物たちが花や実をつけていて、それを喜ぶ暮らしがあり、父と散歩に出かければ両手に野の花を抱えて帰っていました。今よりもっと自然に囲まれて、花を摘む時間をたくさん持ち合わせている子供だったのだと思います。

それでも、学生時代に好きな花を仕事にする想像をしたことはありませんでした。将来の仕事をイメージさせるのは、どの学校に行くかだったり、親の希望だったり。そのことに疑問も感じず大学に行き小学校の教員になる予定でした。それがちょっぴり変化したのは大学の掲示板に貼ってあったアナウンススクールの生徒募集のチラシを見つけたときです。

「国語の教科書を驚くほど素敵に読む先生を目指しちゃおうかな」という気軽なノリで扉

を開き、アナウンスの経験など全くなかった私は完全に落ちこぼれでした。でも、そんなことを気にする以上に出会えた仲間は夢を追うことにクレージーで華やかで、思うようにできない学びさえもわくわくする時間になりました。自分自身をアピールし自信満々に見える仲間たちに交じって、アナウンスにおしゃれに、雑学にと情熱を燃やした青春時代だったと思います。でも、今振り返ってみて不思議なのは、なれないと思わなかったことです。なると信じてまっしぐらでした。

「私、教員採用試験は受けないことにした。アナウンサーになるつもり」と母に電話して、東京アナウンスアカデミーの講習を受けるために夜行バスに乗ったことも懐かしい思い出です。

授業では「惜しいなあ。君、すごくいいものを持っているけど遅いなあ。アナウンサーになりたい人たちは、中学生ぐらいから思っている人が多いんだよね」と言われました。それでも、頭に残ったのは、無理だというよりも、いいもの持っているという前向きな言葉のみで、目標に向かう情熱にはびっくりです。実はその時「君は、女優の方がいいかもしれないよ」と言われたのですが、他のことなど全く入ってこず、ひたすらアナウンサーを夢見ていました。

ぎりぎりの実力で試験をパスしたと思いますが、今の私がそんなひたむきな少女に出会ったら、採用したいと思うかもしれません。そして感謝したいのは、好きなようにさせてくれた両親です。後で話してくれて知りましたが、突然の方向転換にショックを隠しきった母の演技は見事でした。

夢が叶い、山口放送で4年間、その後フリーアナウンサーとしての4年間は大変なこともありましたが、とても楽しい日々でした。少し後悔があるとすれば、入社時の研修で「テレビがいい人」と尋ねられた時に、びびって（笑）手を挙げられなかったことです。自分の評価が低くて譲ってしまう性格、努力と根性みたいなそのころの私はちょっと真面目過ぎたかなと思います。もっと自信を持って進めばよかったなあと思います。

自分が無理かもしれないと思えば叶わないような気がします。誰でも不安を感じて迷うことがあると思いますが、やれると信じて前向きなチャレンジができたら素敵だと思います。

お声がかかることやチャンスがいただけることは、期待されていることでもあります。出会えた人たちとお互いの夢を応援しながら、前に進みたいですね。あなたには、私が背中を押してあげたい気持ちです。

アメリカ花修行の旅へ

山口放送のアナウンサーからフリーアナウンサーになったのは男女の雇用機会均等へと変化する過渡期で、好きな仕事を続けるにはそうするしかなかった経緯もありました。自分ではどうすることもできない状況や葛藤が新しい扉を開くチャンスになることもあります。フリーアナウンサーとして、自分の名前だけで仕事をすることはとても貴重な経験だったと思います。

希望と不安のスタートに、私は名刺に「CHA CHA DO（チャチャドゥー）」と入れました。チャンスやチャレンジをする時に、自分にDOとエールを送るという意味を込めたのが「CHA CHA DO」です。まさかフラワーショップの名前になるとは、その時は思いもしませんでした。

仕事でたくさんの方々にお会いする中で、幸せな人は自分の好きなことを仕事にして生きている人だと感じるようになりました。そして好きを形にするチャレンジをしようと、アナウンサーの仕事を辞めてアメリカのフラワースクールに行く選択をしました。

はじめに行ったのは3ヶ月間で、アメリカでの経験は好きだった花に対する自信を私にくれました。シカゴのアメリカンフローラルアートスクールではとにかく1番にできることを目指しました。評価もされて、そのことを周りが気持ちよく絶賛してくれるような文化を感じました。環境の違いは、その後の自分の考え方を変えてくれたと思います。

卒業試験を終えた後の修了証書の渡し方がとても印象的でした。「これは、私たちがちゃんと教えましたという証書で、あなたができるという証ではありません。これからご自分の街で、お客様からしっかり試験を受けてください。そのことを決して恐れないで進んで下さい」私の花のチャレンジは、その言葉から始まっています。

翌年受講したオハイオ州クリーブランドのビル・ヒクソン先生のスクールでは、始業の時間きっちり教室に鍵がかかり、遅れてくることは論外だという話から始まりました。そして最終日には自分の持っているものを全て教えて終わるからと講義は深夜まで続き、その日の飛行機で帰る予定だった国内の生徒たちのブーイングが教室に響きました。それを一喝する教えることへのクレイジーな情熱に驚きました。そして誰1人帰らなかったのです。

ヒクソン先生からの卒業のメッセージは、時を逃さずに生きてほしいということでした。「一生懸命に働いていると、大切な時を逃してしまうことがあります。大切な人の力になれなかったり家族が亡くなる時にいれなかったり。でも、僕は大切な人との時を逃がさないで生きていってほしいと願っています」という話に、日付が変わったことも忘れて涙が溢れたことを覚えています。

今の状況に疑問を感じた時、少し立ち止まって自分のこれからの方向を考えてみることは大切な気がします。どこにいるのか、何をするのか、誰といるのかを決めるのは自分です。そして変化していくことを恐れないでいてほしいと思います。

CHA CHA DOがフラワーショップに

花修行の旅から帰国し、これからの自分は何をしていくのかと不安を感じることもありました。自分で動かなくては何も起こらないと感じて、旅の体験を文章にまとめることから始めました。そのエッセイが地元のタウン情報誌に連載していただけることになりました。

ちょうどフラワーアレンジメントが習い事の一大ブームになっていく頃で、英会話スクールの仲間や周りの方が習いたいと言ってくれました。家に1人を迎えたことから始まり、公民館や園芸店などでも、どんどん人数が増えていきました。

公民館の担当の方が「なぜ、キャリアのある先生でなく若い講師なのですか」という上司の言葉に「先生を育てるという役目もしなくてはいけないと思います。講師が若ければ、若い人も集まります」と言って下さったことを後になって知りました。最初の日、部屋の鍵を取りに行くと「先生はまだですよ」と言って鍵を渡されたのは、後で笑い話になった思い出です。私はレポーターとして花を教えようと思いました。アメリカの旅の経験や学んだことを伝えるために、オリジナルの資料を作って準備をしました。

レッスンをしながら、フラワーアレンジメントスクールのある花屋さんを開きたいと思うようになりました。憧れていたフラワーアーティスト高橋永順さんの素敵な生き方にも影響を受けました。場所として浮かんだのは家の近くのテナントで、ガレージを改装した小さな店舗が並んでいました。1番端の白い木枠の窓がある場所に惹かれて、もし空いたらここがいいなとイメージしていたら、まもなく入居者募集の紙が貼られてびっくりしました。そして、3ヵ月後にはフラワーショップ「CHA CHA DO」が誕生しました。

その時母は「花屋さん以外のことを全部やめて、花屋だけをするのなら賛成。なんでも屋さんにならないでね。ひとつのことで信頼を得る人になってほしい」と私に言いました。アナウンサーの方がいいのにという人もいた中で、母は「花が本当に好きだったから、嬉しいでしょう。大変な仕事だと思うけれど」と笑っていました。私はその言葉を守り、それから20年間は名刺に花以外のことは何も書かなかったのです。

その場所を、仲間の力を借りて塗装したり、タイルを貼ったりして改装したのは楽しい懐かしい思い出です。手作りのフラワーショップは、たくさんの出会いを運んでくれました。月に1、2回来て下さるアレンジメントの生徒さんは100人近くになっていきました。私の紹介で何人もの方がアメリカのフラワースクールへも学びに行きました。

キャリアのある先生から、「アマチュアが教えている」と言われたこともあります。テレビ番組でビートたけしさんが、「プロとアマチュアの違いは何ですか」という質問に、

「そのことで、お金が入ってきているかどうかだと思うよ」と答えていた言葉に助けられました。ショップは未来に向かっていき、海外にも学びに出かけました。生徒さんは若い方が多く、花の仕事はその後ブライダルの仕事に繋がっていきました。ブライダル業界は業者間の強い結び付きがあり、認められるまでには大変な苦労がありましたが、今振り返れば良い経験です。異業種の大先輩の社長さんが「人には順番がある。頑張っていれば、ちゃんとあなたの出番が来るんだよ」とおっしゃったことも励みになりました。

その後、有形文化財の建物をリノベーションしてオープンした複合ショップへ移転しました。他の店舗の方たちとの素晴らしい出会いと、一緒にブランド意識をもって創り上げていくことは、本当に良い経験でした。

ブライダルの仕事をたくさん依頼され、ショップは夢物語のように花があふれ、週末は睡眠時間がほとんどないようなハードスケジュールでした。プライベートでは色々つらいこともありました。パートナーとのコミュニケーション不足は悲しい心の傷も生みました。これからの方々には、色々なことをお互いに思いやりをもって話し合えるような出会いをしてほしいと願っています。

息子にも様々な葛藤があったのでしょう。中学校時代、1年以上学校に行かなかった時は心の中で毎日泣きました。その時のことは、最も子どもに目を向けて自分の人生を見つめ直したとても大切な時期だったと感じています。

閉じこもったままにさせたくなくて、夢はスタントマンという息子を東京のジャパンアクションクラブの見学に連れて行ったり、様々な体験をさせました。平日に遊んだユニバーサルスタジオで修学旅行の制服姿を見た時、心に痛みを感じた記憶もあります。仕事を置いて一緒に出かけたりしながら、このままでは終わらないと信じました。周りの仲間やたくさんの方々に助けていただき、大切な出会いに本当に感謝しています。

私の父が亡くなる前に、息子の活躍を報告できたことは喜びでした。復帰した2年生の運動会では一位でゴールしてみんなを沸かせ、3年生では応援団長を務めました。サッカーでは先生や仲間たちのおかげで全国大会に出場し、笑い泣きしたくなるような感動をたくさんプレゼントしてくれました。つらい経験の中から未来に向かうエネルギーを見出した息子の変化には、今でも励まされる気持ちです。


頭で考えているだけでは何も起こりません。行動してみること、人との出会いを大切に耳を傾けてみること、そして誰にでもあるつらい出来事に負けないでほしいと思います。

そっとDOの勇気をあげる

時代の変化とともにブライダルの数が減り、ショップでは大きな仕事が少なくなっていきました。取引先の倒産では未払いの請求など不安な経験もしました。このままでは私のフラワーショップとしての物語は幕を閉じるかもしれないと感じました。

その頃、メンバーとして一緒に頑張っていた事業者のグループの仲間にも新しい発想やエネルギーをもらいました。私はその時初めて名刺に元山口放送アナウンサーと入れました。他の資格などもプロフィールとして書き加え、これまでの自分をきちんと表現していくことにしました。

振り返れば、それまで母が願った通りにフラワーショップだけで頑張ってきたからこそ、きちんとした教室やブライダルの仕事ができたと思っています。これからはあらためて新しいCHA CHA DOの1ページを開こうと思いました。

ある夜、本当に夢の中で見たことを形にしたのが現在のショップです。前がフラワーショップで、後ろ半分はサロンスペースです。フラワーショップの中でお客様が夢や思いを語り、それを叶えていく場所を作りたいと思いました。

売上が減少する中で店舗を拡大することは、大きな覚悟でした。サロンスペースにはカウンターもあり、飲食に夢がある方にも利用いただけるように飲食店の許可もとっています。バイオレットに塗った壁には「大丈夫よ」というカラーメッセージが込められています。困難な出来事もしなやかに乗り越えるCHA CHA DO バイオレットです。

サロンでは、お子さんの英会話スクールを探しているという話から、子供たちの英会話教室が生まれました。大人の英会話教室も人気です。英語はアメリカでの花修行の旅で、夢を広げ新しい仕事のチャンスをくれたものです。CHA CHA DO バイオレットのバラのラッピングカーの中で今も英会話を聞いています。

南米の方と結婚されているお客様が、サルサダンスを習いたいと呟いてできたクラスは、イベントで偶然隣りに座った先生との出会いから実現しました。ワインを求めていたリカーショップの魅力的な方の「致知」読書会も、テーブルに花を飾って開催されています。

60代を機にこれまで学んできたことを発信できたらという看護師さんの美活クラブも素敵な会です。マインドフルネスやアルコールインクアートなどのワークショップも開催されるようになりました。フラワーショップのサロンスペースは学びの場所になり、ライブなどのイベント会場になることもあります。そして、今尚お越しくださっているフラワーアレンジメントの生徒さんには心から感謝の気持ちです。

今は亡き母ですが「この後ろの広いところは何に使うの」と尋ねられ、英会話やいろいろなレッスンのことを話したら「やってきたことは、みんな繋がっていくね」と嬉しそうに言ってくれました。最初にフラワーショップだけをしてほしいと話したことを母は覚えていたでしょうか。あれから20年以上たち、心にしみる出来事でした。

小さな結婚相談所CHA CHA DOヴィオレも誕生しました。サロンでの婚活事業は新しい柱となって、厳しいコロナ禍でお客様の幸せを願って前に向かうという気持ちの支えになりました。これからもチャンスやチャレンジにそっと背中をＤＯと押すそんなフラワーショップでありたいと思います。花のエールに包まれながら、未来を描くたくさんの方々の力になれたらどんなに素敵でしょう。

好きなことを仕事にすることは、情熱や覚悟が必要ですが、自分自身の中にきちんとした理念があれば、いろいろなことに惑わされずに正しい選択ができるような気がします。そして今、一生懸命のチャレンジの中でも、大切な人との大切な時を逃さないようにという恩師の言葉があらためて胸に響いています。

小さな冒険の心を忘れずに、自分にＤＯと呟きながら、時代が追い風となるわくわくする選択をしていくことができますように。

Message

あなたへのメッセージ

好きなことを仕事にすることは、
情熱や覚悟が必要ですが、
自分自身の中に
きちんとした理念があれば、
いろいろなことに惑わされずに
正しい選択ができる

門脇まゆみさんへの
お問合わせはコチラ

株式会社photollatte 代表取締役
講座ビジネスプロデューサー

栗原由美子

4年で延千人の
卒業生を輩出する
カメラマン向け
ビジネス講座が
完成するまでの
起業ストーリー

Profile

1983年大阪生まれ。ドラッグストアのバイトから24歳でエリアマネージャー就任。33歳で夢の海外移住を叶える。帰国後、カメラマンとして起業。1年で会社設立後、年商6000万円達成。カメラマン向けビジネス講座『フォトプレナーアカデミー』はカメラで自由なライフスタイルを叶える講座として、女性雑誌STEDYにも掲載され多くの注目を浴びる。現在は講座ビジネスプロデューサーとして起業サポートに尽力している。

1日の スケジュール

Morning

8:00 起床・朝食

9:00 キックボクシング

11:00 身支度

12:00 昼食

13:00 打ち合わせ

15:00 カフェ&買い物&読書

18:00 夕食

20:00 ライブ配信・講義

22:00 お風呂・ストレッチ

24:00 就寝

Afternoon

お金が全てだと思っていた二十代

私のお金の価値観が強く形成されたのは、19歳の頃でした。急に実家のガスが止まり、電気が付かなくなり、借金の取り立てが来るようになり、父の自営業は火の車でした。全く知らされていなかった私は、まだ若く動揺しすぎて胸が締め付けられる思いでした。壁に差し押さえの勧告状を貼られた時の記憶は今でも鮮明に覚えています。そこから私は、昼の仕事に加えて初めて夜の仕事につき、慣れない接客でお客様に怒鳴られ、深夜泣きながら帰り、睡眠時間3時間の日々。それでも、私が大切な家族の役に立てている自己重要感で毎日頑張れました。その頃から「私がお金を稼がなくちゃ、私がなんとかしなくちゃ」と、責任感や使命感を強く感じるようになりました。そんな中、北海道への転勤の話が舞い込み、初めて実家を出ることとなりました。

北海道生活が半月ぐらい過ぎた頃、実家から転送された自分宛の一際目立つ赤い封筒が届きました。それは、クレジットカードの未納の通知でした。しかも、最終勧告状のような記載。身に覚えのない私はびっくりして頭が真っ白。借金をした覚えもないし、滞納した覚えもない。何度も見直しましたが確かに私宛の郵便物でした。

その時ふと、3年前の記憶が蘇りました。父親からクレジットカードを作って欲しいと頼まれ、数枚作った時のことです。まさか、父が勝手に私のお金を使った？ まさか…。

確認のためだけに、大阪にいる父に電話をかけると父はたった一言、「すまん…」とだけ言いました。あっさり認めたのです。自営業だったので、実家では郵便物の管理は父親がしており、私の手元に届かないようにしていました。この時私は父を怒鳴りつけましたが何も返事は返ってこず、怒りなのか悲しみなのか感情がわからないまま電話を切り、泣きまくりました。

今振り返ると、お金を勝手に使われて隠されていたことよりも、父に裏切られた、愛されていなかったんじゃないか、とただ子供心の寂しさが強かったように思います。

そこから家族とは疎遠になり、さらに私は仕事に没頭するようになりました。仕事は好きだったので、転勤はこの時の私に好都合でした。自分のことを誰も知らない土地にいることが心地よく、地元の友達ともどんどん疎遠になりました。

その反面、給料はどんどん上がり、高卒ＯＬにしては十分すぎるくらいの年収をいただき、借金は自分で完済し、そこから3年ぐらいでブラックリストからも外れました。

この頃の私は、お金がないと家族はバラバラになる。お金がないと不幸になる。そう本気で信じていました。お金が父を変えてしまった。父の出来事を全てお金のせいにして、自分の心の傷を無理矢理塞いでいたんだと思います。

そこから結婚を機に、両親とは何事もなかったかのように少しずつ関係を取り戻しました。しかし、将来や家族が幸せになるためにはお金が必要だと強く思っていた私は夫婦の時間よりも仕事を優先しまくり、いつしかすれ違い、離婚することになりました。

私は家族のために必死で働いて頑張っているのに、何故かいつもうまくいかない。私の人生って何なんだろう。一人だし、自分の好きなことをしよう。昔から住んでみたかった海外に移住しよう。もし無理ならすぐ帰ってこればいい。一度きりの人生やりたいことをやろう。そんな軽い気持ちでドイツに移住しました。

そこでのたくさんの人との出会いが私の世界を変えました。周りにいる人達のフリーランサー、ノマドワーカーの働き方に衝撃を受けたのです。こんなに自由に気軽に楽しく生きていいんだ。自分を犠牲にすることなく、好きなことでお金を稼ぎ、時間を楽しんでいる。日曜日にはほとんど店は閉店しており、みんな仕事を休み家族との時間をただゆっくり過ごす。公園で大切な人とゆっくり飲むカフェラテがこんなに幸せだなんて。

そんなシンプルで大切なことを私は見失い、後回しにしていたんだ。犠牲になっているのは自分の勝手で、もっともっと自由な生き方、働き方がある。私の世界が広がったのと同時に、たくさんの涙が出ていました。その涙は、今まで必死にがむしゃらに前だけ向いて頑張っていた自分への労いの気持ちだったように思います。本当はずっと誰かに認められたかったのかもしれません。

私がこの章で伝えたいことは、「人生の被害者にならないで」ということ。辛い経験で価値観は出来上がります。でも、それが本当に正しいのか。新しい世界に一歩踏み出すことで、今までの価値観や世界を変えることはできます。

どんな環境に生まれても、人生を変えることは誰でもできる。それはスキルやお金ではなく、一歩踏み出す勇気だけ。そのタイミングに遅すぎるなんて事は何一つありません。

カメラ歴0でカメラマンになる

ドイツから帰国した私は、日本にいるとまた同じ生活に戻ってしまうと思い、次はすぐにニュージーランドに行こうと思いました。家を契約せず名古屋の工場に住み込みで働き、短期でお金を貯め移住するための準備を始めていました。

そんなある日、カメラ歴0日でもフリーカメラマンになる起業塾の広告が流れてきたのです。「これだったら私でも海外で働けて、お金に困らないんじゃないか？」軽い気持ちで受講することにしました。初めての高額な自己投資でしたが、大人になってこんなにワクワクしたのはいつぶりだろう？そんな気持ちで、契約書を書いたことを覚えています。

スクールに通ってみて、思った以上に起業は簡単ではなく、工場勤務をしながらの活動は睡眠不足と自分との戦いの日々。成果をあげる人はほんの一握りでした。ですが、自分の中で稼ぎ方や生き方の価値観がガラリと変わりました。負けず嫌いの私は人生で一番頑張ったんじゃないかと思うくらい行動しました。そのお陰でカメラ歴0日スタートでしたが、始めて2ヵ月で50万円を売り上げ、産まれて初めての目標達成を経験しました。

でも一部、成果が出なかった人たちはこぞって起業塾の悪口を言います。その時に感じたのは、何事も自分次第。同じ講座を受けても成果が出る人と出ない人がいる。環境や他人に責任を押し付けて、自分を肯定するのは簡単です。それだったら自分は一生成長しないし、人生は変わらない。もしかしたら私も、これまでうまくいかなかった理由を環境や親のせいにしていたんじゃないか。まずは自分を見直そう。これからの人生は何かのせいにするんではなく、自分で決めて自分で人生を切り開こう。そう強く誓いました。

カメラマンとしてたくさんのお客様に感謝されてお金をいただいた経験は、会社員しかやったことのない私にはとても刺激的な日々でした。今まで、お給料＝我慢料ストレスに耐えるからお金をもらえると思っていた私にとって別世界の体験でした。いつも一緒に愚痴を言いながら、会社勤めをしていた友人や同僚にこんな世界を知ってほしい。そう思い、自分が卒業した起業塾の認定講師をスタートすることにしました。10人ほどいた認定講師の中でも、成績はＴＯＰですぐにリーダーに就任。東京、大阪、京都、横浜、沖縄と日本全国のカメラマンの育成に尽力しました。受講生全員が目を輝かせ、夢に向かって進む姿はとても眩しく本当にかけがえのない充実した日々でした。

・うまくいかない理由を環境や人のせいにしては何も手に入らない
・「給料＝我慢」ではなく、感謝されてお金をいただける世界がある

受講生からの一言

出張カメラマンとして1年、起業塾の認定講師として半年。日本全国を飛び回り、夢だったノマドワーカーにもなり、人生で初めての月商7桁を超え新たなステージを感じていた矢先。突然、卒業生から連絡がきました。

「売上が上がらず、もう続けるのは無理なので自己破産しようと思います。この状況を講師としてどう思われますか?」

突然のことで、幸せボケしていた私に衝撃的な事実でした。一旦話そうと電話をしましたが、少しイライラしているような様子でした。とても想い入れのある受講生だったので、ショックで頭が真っ白になったことを覚えています。めちゃくちゃ行動したけどうまくいかなかったこと、それなのに次々に来る支払いで経済的にも精神的にも追い込まれとてもしんどいことなど、たくさん話してくれました。

「連絡くれてありがとう。よく頑張ったね」電話の向こうで涙を流していることがわかりました。決してサボっていたわけではなく、本当にたくさん行動したのが伝わってきました。私自身がうまくいった方法は全て伝えていましたが、なぜかうまくいかなかったようでの時の私には労う事しかできず、解決できるアドバイスを持ち合わせていませんでした。今は時代や情報の流れは早く、同じ集客方法だけでずっとうまくいくような甘い世界ではありません。自分が教えた受講生の中で成果をあげられず、自己破産を選択せざるを得ない生徒がいる現実を突きつけられました。

そこから私は、このままでは同じような受講生を育ててしまう。今の自分には、自信を持って「自由なカメラマンになれます」なんて言えない。もっと自分自身が成長しなければいけない。と、起業塾の認定講師から離れる決意をしました。私はこれまで、持ち前のコミュニケーション能力で自然と集客ができた部分があり、逆にそれが言語化や仕組化ができておらず、教える立場の講師としての力のなさを思い知りました。

そこからは、ありとあらゆるマーケティングの勉強をしました。いろいろな本を買い漁り講座を受け、たくさんの自己投資。支払いは増えるが売上は減る一方で生活は一変に苦しくなりました。クレジットカードはリボ払いだらけ。消費者金融に手を出すなど、ギリギリの生活でした。

でも私は、2度と自分が教えた受講生を悲しませたくない、幸せなカメラマンを増やしたいとの強い信念で、カメラマン向けの集客講座フォトプレナーアカデミーを立ち上げました。

当時はカメラスキルを教える講座はあっても、カメラマン専門の集客講座はなくすぐに注目を浴びました。会社も設立して、たくさんの集客に悩むカメラマンが集まりました。嬉しいことに口コミでどんどん広がり、4年で延千人の卒業生を輩出し、会社として年商6千万円を達成できました。あの時の受講生に悩みをぶつけてもらえなかったら、今の私はないかもしれません。生きていたら嫌なこと、目を背けたいこと、投げ出したいことなんてたくさんありますが、全てを自分の成長のチャンスと捉え、逃げずに向き合うと大きく道は開けると感謝しています。

また、私が支払いでとても苦しい時、父のことを思い出しました。私の名義で借金した父ですが、お金で苦しんでいる時は誰でも自分の事だけで必死です。どうすることもできず、娘のお金に手をつけて返せなかったこと、そのことを黙っていたことも本当は辛かっただろうなと今では理解してあげられるようにもなりました。会社経営の大変さを知った今は、父の挑戦を誇りに思っています。父のもとで色々な経験をしたからこそ、逆境に強い自分がいるなと感謝しています。

・どんなことが起きたとしても、それをどう捉えるかで自分の人生は決まる。悲観的に捉えるのかチャンスだと捉え実行するのか。自分の人生は自分でしか創れない

一番大切なことを教えてくれた友人

私は、人生に行き詰まるたびに思い出す友人がいます。それは若くして乳がんで亡くなったとても大切な友人です。いつも笑顔で優しくて周りを和ませ、ロングヘアーがよく似合う大好きな友達でした。彼女は3歳の娘さんがいて、「まだ絶対死ねない」と辛い闘病生活に必死で耐えていましたが、進行が早く残念ながら3年で亡くなってしまいました。

その時の安らかに眠っている顔をよく思い出します。「生きたくてしょうがなかった彼女に、今の私は胸を張って会えるのか？　今の私の辛さなんてちっぽけじゃないか。何を贅沢言っているんだ。今の私にはかけがえのない時間がある。まだ人生は終わっていない。悩んでいる暇なんかない。せっかく与えられた時間で今からでも何でもできる。友人の分までしっかり生きよう」

そうやって、幾度となく苦しい時期を乗り越える事ができました。

たった5年前までは1円でも安い中国産の野菜を選び、残業だらけの工場勤務でチャイムが鳴ったら定位置につき次のチャイムまでは自由にトイレも行けない生活でした。そんな私が、今では憧れていた大阪市内のタワーマンションでリビングいっぱいの大きな窓から毎晩綺麗な夜景を眺めています。

好きな時に休暇を取り、好きなことでお金をいただき、好きな人とだけ仕事をしています。「私だからできたのか?」謙遜でもなんでもなく、私に特別なスキルなんて本当に何もありません。どんな時も、自分の人生を諦めなかったことに尽きると思います。

諦めない人生の選択の繰り返しが、今の私につながっているなと確信しています。挑戦していたら、いろいろな決断の場面が出てきますよね。

そんな時に必ず私は「勇気がいるほう」を選ぶことにしています。なぜかというと決断するためには、目の前には必ず理想があるのです。でも、同時にリスクと安心が並んでいるから迷うんですよね。

こうゆう時にこそ、多くの人が選ばない勇気のいるほうを選ぶとチャンスを掴めると思っています。もちろんリスクは伴いますが、人間追い込まれた時に発揮する力はすごいものです。いろいろな方に決断力あるねってよく言われますが、私は自分を「超凡人」だと思っています。

だからこそ、悩んでいる暇がもったいないだけなんです。諦めることを諦めたほうが正しい気もします(笑)。悩んでいる時間に耐えられないだけなんです。どうせ諦められないならもう悩むのをやめようってね。いろいろな世界を見たい、たくさん挑戦もしたい。

大切な時間を、大切な人たちと過ごしたいです。

「私には無理だ、あの人は特別だから」そうやってできない理由を何かのせいにして、自分を正当化している時点で、諦められない証拠なんですよね。

まずは今の自分をそのまま受け入れ、本当はどうしたいのか? 素直な自分の気持ちに耳を傾けて、小さくても自分ができることから始める。理想を叶えている人と接触することが、1番の近道だと思います。今はSNSで誰とでも繋がれますからね。

起業して5年目。現在はお金で悩み、今のままでは終わりたくない人を応援するために、それぞれの人生経験を活かした講座ビジネスの起業サポートをさせていただいています。あなたが送ってきた人生経験を基に、講座を作り悩んでいる人へサポートするビジネスです。

あなただからこそできることが必ずありますし、あなただからこそ救える人がいます。「私には何も特化したものがない」と思っている方は、ぜひ私に会いにきてくださいね。全く同じ講座でも、Aさんから買うのとBさんから買うのでは全く別ものになります。

今は何を買うかではなく誰から買うかの時代です。「あなたから買いたい」と思ってくれる人が必ずいます。自分が人の役に立てるなんて、そして感謝されてお金をいただけるなんて、こんな幸せな仕事があることを一人でも多くの方に知ってほしいです。

《私のビジョン》

誰もが諦めることなく自由に人生を選択する世界を創る。

家族のために自分を犠牲にして、やりたくない事をしていると感じている人達、本当にその選択しかないのでしょうか？　過去の私のように人生の被害者になっていませんか？知らないだけであなただからこそ輝ける場所や方法があるはずです。

「給料＝我慢」ではなく、幸せな仕事でお金をいただける世界は存在します。たくさんの人が使命感や生きがいを感じながら、大切な人と豊かに生きる世界が広がるように、これからもたくさんの方をサポートさせていただきます。

・「～こうあるべき」「～しなくちゃいけない」で決めるのではなく、本当はどうしたいのか？素直な自分の気持ちを受け入れ、まずは小さくてもいいから、行動し環境を変える

・他の誰でもないあなたにしかできないことが必ずある

Message

あなたへのメッセージ

何かを決断するとき
「勇気がいるほう」を
選んでみてください。
怖さを乗り越えた先に
手に入れたい未来があるはずです。

本当はどう生きたいのか？
自分の人生を諦めなければ、
理想は必ず実現する！

栗原由美子さんへの
お問合わせはコチラ

ソフィバレエスタジオ 代表
バレエスクール運営

小林知子（ソフィ）

好きの先に
待っていた世界
笑顔も感謝も
努力も無限に
できることを
教えてくれるバレエ

Profile

元ボリショイ劇場ソリスト、ヴァルーエフに師事。ロシア国立ペルミバレエ学校日本校全日制卒業。ウクライナハリキウ国際コンクール、リビュウ国際コンクール審査員をつとめる。バレリーナへの道、バレエナビで執筆。カルチャーで講師をつとめた後、ソフィバレエスタジオを設立。累計700名余り指導している。最優秀指導者受賞。几帳面でまじめなB型、愛される申年生まれ。厳しい指導の一方、笑いが絶えないレッスンをしている。

1日の
スケジュール

Morning

5:00 ご先祖様に感謝し
起床・感謝リストを書
お掃除、勉強(朝食抜き)

7:00 家を出てスタジオに向

8:00 スタジオ入室
スタジオ周辺のごみ拾い、
お掃除、出欠席を記載、
SNSチェック

10:00 エンジェル1

11:00 エンジェル2
(合間に軽く食べられれば昼食)

12:30 プレプリンセス1

13:40 プレプリンセス&プリンス2

14:50 プリンセス

16:30 個人レッスン

18:00 YouTube動画編集、
SNSチェック(合間
に夕食をスタジオで)

19:00 保護者にレッスン動画を
送る

21:00 帰宅、入浴

23:00 今日の感謝リストを書き就寝

Afternoon

ロシアバレエに恋をした私　最高の出会い

皆様は、クラシックバレエ教師と聞くと、どのような想像をされますか。小さな頃からバレエを習ってバレエ団に入団して…など思い浮かべるかもしれません。私は、異色の経歴を経てバレエ教師になりました。バレエが宇宙一大好きで続けていたら、いつの間にか教師になっていました。好きなことを徹底的に挑み極めていこうとしていたからこそ今の私があり、自分自身の人生を謳歌することができています。

夫の仕事の関係でモスクワに駐在し、ロシアバレエに出会いました。その時師事したのが元ボリショイ劇場ソリストのヴァルーエフ氏でした。厳しくも美しい先生を通してバレエに夢中になりました。先生がおっしゃる一語一句を聞き逃したくなく、ロシア語を勉強するようになりました。レッスンで聞いた単語をカタカナで書き、通りがかりの見ず知らずのいるロシア人もためらいなくつかまえてロシア語で書いてもらい、辞書をひいてマスターしました。大体の内容はすぐに理解できるようになりました。

クラシックバレエは週に3回5クラス、日本ではあまりないキャラクターダンス（民族舞踊）も週に1回習いました。もっと上達したいと先生に個人レッスンをお願いしました。レッスン中、いつも全力でやっているのか確認されました。

「したいのか、したくないのか。やるのかやらないのか、自分ではっきり決断しなさい」

私はハッとしました。今、目の前のことに集中し全力を尽くせているか、そして、自らそれをやるのかやらないのか選択をする…これは人生で大切なことの一つです。

何より踊っているときは「今、生きている」ことを実感できる本当に幸せな時間でした。自分が自分らしくあることができ、心と身体が整っていくのです。そうなのです、私は厳格で美しいロシアバレエに恋をしたのです。

日中はレッスン、夜は公演を観に行くというバレエ三昧の日々を過ごしていました。バレエの神様はがんばっている私にプレゼントしてくれました。なんと！ある公演で、隣に岩田守弘さんが座ったのです。日本人で初めてボリショイ劇場のソリストになった方です。私が生まれて初めてボリショイ劇場でバレエを観たのが『白鳥の湖』で、守弘くんが道化を踊っていました。（いつも彼を呼んでいるように書きます）舞台に出てきた瞬間、空気がぱっと変わり、ダイナミックで魂から踊る姿に魅了され大ファンになったのです。

公演の合間に話をして意気投合し、お互いの家を行き来するほど交流を深めていきました。守弘くんのバレエ観についても聞くことができました。会話の中で心に残っている言葉があります。「人生って思い通りにいかないから努力するんじゃないかな…。」

つぶやいた一言で私は、彼が置かれている状況を瞬時に想像できました。日本人として初めて入団したものの、相当な苦悩があったのでしょう。身長が低いことのハンディがあり、役も限定されました。それでも彼はいつも紳士で前向きです。人格的にも素晴らしいのが踊りに出ています。私のバレエ史上最高のダンサーです。今でも親交は続いていて、ソフィバレエスタジオで特別レッスンをしてくれます。

駐在が終わり、帰国後バレエスタジオを探しましたが、完璧なロシアスタイルの教室がないのです。初めて気がつきました。ロシアはバレエ教師の資格を持った人のみ指導でき、日本は資格を持たずに指導ができることに…。つまり、誰でも教えられるのです。確立されたメソッドでの指導ではなく、大半が自己流です。ロシアで自分が上達できたのは、体系化されたワガノワメソッドでヴァルーエフ先生が教えてくださったからでした。バレエは、芸術でもありますが学問なのです。

ヴァルーエフ先生が教えてくれた、人生の二択。私は常にやる選択をし続けてきました。うまくいけば成功ですし、うまくいかない場合は失敗ではなく経験になっています。決断するときは、やりたいからやる！しかないと思っています。人や大切なものに出会って繋がり広がっていくこと、そこで得た経験はかけがえのない財産です。

ジェットコースターのような人生

ロシアスタイルで踊ることが難しいのであれば、ロシアバレエの素晴らしさを日本に伝える架け橋になろうと思いました。模索が始まります。

父が新聞記者だったこともあり、文章を書くのが好きだったので、バレエ評論家になろうと出版社に履歴書と原稿を持参します。唯一、文園社の『バレリーナへの道』の中島編集長が「あなたの熱意に負けた」と、ライターとして採用をしてくれました。

ダンサー、スタジオ、コンクール、発表会、講習会、イベントなどを取材しました。自費でロシアに行き、ボリショイバレエ学校230周年や、カナダのゴーバレエアカデミーの記事を書きました。ウェブマガジンバレエナビでも執筆しました。印象に残っているのは、森下洋子さん、指揮者の福田一雄氏、バレエ史研究の故薄井憲二氏です。取材ということでお目にかかれた方たちばかりです。オフレコの貴重なお話が聞けました。

バレエライターとしての実績を積んでいることを認めてもらい、2005年にウクライナハリキウ国際コンクールの審査員を務めることになります。審査員の一人であるリビュウバレエ学校の校長先生から、翌年第1回国際コンクールを開催するからぜひ来てほしいと言われオファーを受けました。リビュウでは、気に入ったダンサーに審査員特別賞を渡しました。審査員ができたことは最高に誇れる経験で感謝しかありません。ハリキウもリビュウも本当に美しい都市でしたので、現在戦争になっていることが本当に悲しいです。ライターだけではバレエレッスン代、トウシューズ代、舞台費用などを捻出できないので、バレエ用品店でもアルバイトをします。この経験も非常にプラスになりました。

２００５年にロシア国立ペルミバレエ学校日本校バレエ教師クラスが開校されました。ここならロシアバレエが体系的に学べるのだと希望に満ちあふれ、通信制第1期生で入学します。このときはまだ、教師になりたいという気持ちは芽ばえていません。通信制のクラスメイトは、自分のスタジオを持っている教師が多く、私のようにライター兼バレエ用品アルバイト兼主婦兼バレエ愛好家はいなかったのです。

通信制は、年に3回のスクーリングだったので、頭と身体になかなか入ってきません。当時は全日制があり、編入を決意します。全日制は10代から20代の若い子たちでした。ペルミに留学したいというクラスメイトもたくさんいました。

月曜から金曜の朝9時から17時までバレエ、ヒストリカルダンス、キャラクターダンス、コンテンポラリーなどの実技、解剖学、バレエ史、フランス語、メイクなどの座学の授業がありました。実技は身体に負担がかかってしまうため、仕事を一旦辞めることにします。

「子育ての経験があって母親として安心感があるので、カルチャースクールの講師に推薦したい」と、学校から打診がありました。自分が想像もしていなかった教師への道です。土曜日の午後2クラス授業が入りました。その時、まだバレエ学校の生活が1年残っていました。卒業しないと指導ができなくなるというプレッシャーを感じながら、必死についていきました。電車でも勉強し、寝る直前までバレエのステップを覚えました。無事に卒業したその後、カルチャーセンターの生徒が徐々に増えていき、ほぼ毎日レッスンが入りました。１００人を超える生徒で大人気講師となり、会社からも表彰されました。

なぜ、ここまで生徒さんを集めることができたというかというと、もちろん企業の宣伝もありましたが、私個人として努力したことは、小さな心がけの積み重ねです。一人ひとりを大切にすることだけです。指導しているときに名前を呼んで声をかける、誕生日プレゼントにメッセージを添えて渡す、手紙をもらったら必ず返す、保護者と連絡を密にとる。信頼はすぐに構築されるわけではなく、本当に少しずつなのです。このわずかな差が、大きく変化していく秘訣なのではないかと思います。

ところが順調だった教師生活が音を立てて崩れていきます。史上最大の危機です。せっかく得た信頼を失ってしまう事件が起きました。カルチャーセンターとしては珍しくバレエコンクールに参加し、その後に感想文を書いてもらっていたのです。ある生徒さんがメモ用紙に箇条書きだったので、お母様の前で「できたら封筒に入れた方がいいわ。他の人に見られてしまうかもしれないし、先生に提出するものだから。あとね、文章にしてもらえたら嬉しかったな。○○ちゃんは何枚も書いてくれたの。」

その直後、保護者の方はご自身の大切なお嬢様が比較され劣っている、否定されたと思ったようでお怒りになります。私にはその意図はなかったので謝りましたが、聞き入れてもらえません。会社のトップまで話は行きわたり、厳重注意を受けます。趣味なので優しく指導してもらいたいという会社と、きっちり教えたい私と方向性が違ってきていました。週末のレッスンは分刻みのスケジュールで、お昼休みもなくトイレにも行けなくて膀胱炎になってしまいました。心も身体も疲れ果て、精神科を受診するようになりました。

ついに、退職を決意します。今まで大切に育ててきた生徒さんとの別れは、本当に悲しかったです。学校推薦され決まったこの会社に定年まで働き続けようと思っていたので、申し訳ない思いもありましたし、表現できない感情が渦巻いていました。

ライター、バレエ用品店のアルバイト、国際コンクールの審査員を経験し、バレエ学校の教師クラスを卒業して、自分では想像もしていなかったバレエ教師になることができました。ところが最大のピンチとも言える事件が起きました。これをチャンスに変えることができるかどうか。試練を未来の宝物とできるかどうか、第三章でお話しします。

どんなときも笑顔ですべてに感謝をする

失意のどん底にいたときに二択を突きつけられます。このまま我慢して働く？ 自分のスタジオを持ってスタートする？ 周囲の人は、雇われ講師のまま何とか乗り切ってはどうかという意見が多かったです。「その歳で失敗したらどうするの？」とも言われました。心配してくれるのは嬉しいですが、その人が私の人生の責任をとってくれるわけではないですよね。自分の責任は自分でとるしかないのです。

皆様は何かあったとき、誰かに相談しますか？ 私はしません。自分の人生なので、自分で決断します。うまくいけば成功、もしうまくいかなくても大丈夫。やり直せばいいだけです。それは失敗ではなく経験です。誰かの言うとおりにしたら、うまくいかない時はその人のせいにすることでしょう。根拠のない自信もありました。「バレエを通して愛と平和が満ち溢れる社会実現をしたい」純粋な想いを神様は応援してくれるに違いない！ と。

身内から私の行動は、家族の面倒をみないで好き勝手しているように思えたようです。一応家事など、やるべきことはやっていたのですが…。ただ、息子の幼稚園の運動会も取材で行けませんでしたので「哀れで気の毒だ、ろくな将来を送らない」と言われていました。自分のスタジオを持とうとしていた頃、息子は医学部に進学していたので、もう何も言いませんでした。言われても多分、右から左だったかもしれませんね。

立ち上げたスタジオは、ソフィバレエスタジオと名づけました。みんな「ソフィ先生」と呼びます。街中で「ソフィせんせ〜い！」と声をかけられて、周囲の人が外国人を探すのですが、まるっきり日本人の私を見て、え？という顔をされることは多々あります（笑）。

『清く正しく美しく愛深く感謝をもって』の理念を掲げたスタジオは、生徒3人からのスタートでした。しばらく経っても一向に増えません。誰も来なくて、寒く暗いスタジオで膝を抱えて泣きました。来月のテナント料を支払うことができるのかしら…。通帳とにらめっこして、ああ、また自分の預金から取り崩しだ…と嘆いていました。帰宅途中の電車の窓にうつる自分の顔があまりにも生気がなくて、びっくりするほどでした。そのときに思い出したのが「どんなときも笑顔ですべてに感謝をする」という両親の言葉です。

再度覚悟をします。腹を括ります。私が実現したいことは、バレエを通して愛と平和が満ち溢れる社会。今いる生徒を大切に育てていこう。生徒の数が3人しかいないと考えるのか、もしくは3人もいると考えるのか、まずは現在、自分が満たされていることに着眼しよう！　雇われ講師のときも最初は生徒が集まらなかったけれど、小さな心がけの積み重ねで増えていったじゃない！　ほかにやれることはない？　退職に追い込まれたから広告宣伝はしなかったけれど、してはいけないことはないよね？　日々自問自答していました。

苦手だったSNSも勉強しました。近所にビラ配りもしましたし、お店にチラシを置かせてもらいました。とにかくやれるだけのことはなんでもしました。開運アクションもできるかぎりやってみました。行動していると、感謝が生まれました。カルチャー講師を辞めたからこそ、今のソフィがあり生徒たちに出会えたのですから。

ソフィバレエスタジオは、2023年8月に8周年を迎えます。現在、3歳から80歳まで、100名ほど在籍しています。出会いと別れは同じ数だけあります。我が子のようにかわいがってきた生徒が辞める場合、以前は悲しさもあり号泣していましたが、今は受け止めるようになってきています。何年か後、何十年か後いつの日か「あーなんか熱いバレエの先生いたなあ」って思い出してくれることがあればそれで良いと思っています。今は助手もいない状態で切り盛りしています。ここ数年は、コロナに罹ったり体調を崩せない緊張状態が続いてしんどいですが、生徒の笑顔が見たい、ソフィはみんなの第二の家でありたい、その一心でスタジオ運営をしています。

あなたには信念がありますか？　私は「どんなときも笑顔ですべてに感謝をする」です。辛い出来事もすべて愛だったのだ、必要な経験だったと氣がつきました。今の自分の環境に、生命があることに感謝。これが幸せというものではないでしょうか。

何のために私は生まれてきたのか

これからやりたいことが3つあります。覚悟を決めましたので、ここに宣言します。

1つ目はワガノワバレエのテキストを日本人用に作るということ。ロシアのバレエ学校は、10歳から18歳まで8年間学びます。1年が修了すると試験があり、合格しなければ進級できません。プロのバレエダンサーを育成する教育機関なのです。日本は趣味のお稽古です。しかも3歳からバレエを始める場合もありますので、ロシアと同じ指導はできません。ソフィバレエスタジオの幼児対象クラスでは、オリジナルの脳トレやリトミックなども取り入れて英才教育をしています。小学校のお受験にも生かせるので大好評です。これをテキスト化します。小学生以上は、通う回数や環境に応じてバレエが上達できるカリキュラムを作り、レッスンの映像とテキストを作り残していきます。

2つ目は、ソフィマインドを持つ人1000人計画。バレエを習うことで柔軟性があり姿勢がよくなり、礼儀正しさや豊かな表現力が身につきます。そしてみんなと踊るので協調性が育まれていきます。自分の心と身体と向き合って寄り添って、テクニックを向上させ自己確立していくことが、クラシックバレエの真髄だと思っています。そしてバレエ以外の例えば、舞台で緊張しないメンタルトレーニングや自己啓発のワーク、心理学、瞑想、生き方なども形にしていきます。私がその想いをのせたテキストを10人の生徒に託し、その生徒が100人の生徒を持てば1000人になります。多くの人がバレエをすることで心と身体が整っていき、幸せであることに氣がついてもらいたいです。真の幸せは、現在充分に満たされていることに、生きているだけで幸せだと氣がつくことだと思うのです。このようなソフィマインドを発信し、普及していきます。

生徒の誕生日には必ずお祝いをします。動画に撮って将来の夢を聞くのですが、「バレエの先生」と言ってくれると嬉しいです。学校や家庭という生活とは別の習いごとに新しい価値を見出していけるように『学びごと』改革をしていきます。私はソフィ塾と言ってときどき生徒たちに人生に関わることをお説教しています（お説教とは教えを説くことなので叱っているわけはありません）。

3つ目は、バレエを習わなくてもしっかりと軸が出来上がる、美容と健康のための姿勢エクササイズを広めていきます。正しい姿勢ができたら世界中が必ずハッピーになれると確信しています。おそらくこの本が出版されるころは、本格的にスタートしているに違いありません。この分野で書籍を出版します。

これら3つを実現できるように行動していきます。

幼少期から自分のやりたいことをしてきました。好きなことしかしてきていません。もちろん勉強や厳しい部活動も体験しました。ただ両親から〇〇しなさいと1回も言われたことがありません。生まれた我が子にも「この子の人生はこの子のもの。彼がやりたいことを全力で応援しよう」と決めました。やらされたものは義務感ばかりですから。

私が大好きで敬愛止まない津田梅子は、女性の地位向上、そして社会的自立のために貢献しました。今、女性は社会進出をして活躍しています。ところが一定数、自分のやりたいことがわからない人や方向性に悩む人がいます。もし私がその人の背中を押すことができるのであれば、自分のやりたいことをとことんしましょうってことです。もしかしたらあなたの好きの先に見える世界は、社会のためになる壮大な使命が待っているかもしれません。使命とは文字通り命の使い方なのです。

『自分の分野で愛と平和で満ち溢れる社会を実現する』。私が生まれてきた理由は、この使命を成し遂げることです。それが恩送りだと信じています。自分の人生です。ほかの誰かの人生ではありません。自分で考え自分で選択し行動する。毎日毎日が最高だと笑顔で感謝しながら生き抜き、最期は笑って死にます。私は、愛が溢れ充足感いっぱいで自分の人生を楽しんでいます。皆様も自分らしく自分なりに自分だけの人生を100%以上エンジョイし、光り輝いて歩んでいけますように。

Message

あなたへのメッセージ

自分の人生なので、
自分で決断します。
うまくいけば成功、
もしうまくいかなくても大丈夫。
やり直せばいいだけです。
それは失敗ではなく経験。

ソフィバレエスタジオへの
お問合わせはコチラ

開運鑑定士

櫻段佑記

直感力は
新しい人生の
扉を開く！
私の人生を変えた
ルチルとガネーシャ様との
出会い

Profile

島根県浜田市生まれ。20代前半から自営などで生計立てた後、25年前統計学、四柱推命、九星気学、数秘術、吉方位、姓名判断、宿曜占星術、内観セッション、ヒーリングなどを組み合わせ、日本だけではなく、ハワイや韓国でも開運セミナーを開催。個人鑑定では、たくさんの方々を開運に導くサポートをしている。

1日の
スケジュール

Morning

6:30 起床・家中の清め・掃除

8:30 朝食

10:00 鑑定・セミナー

17:00 事務処理

19:00 夕食の支度

21:00 お風呂

22:00 リラックスタイム

24:30 就寝

Afternoon

大事な親子関係

私が生まれ育った家庭は人も羨むほど裕福でしたが、実は父も母も週末にはそれぞれ愛人と過ごす複雑かつ悲惨な家庭環境でした。初めは優しかった母は弟が生まれてからは段々と変わってゆき、いつも大きな愛で包んでくれた父との真逆の存在になりました。以来、私は母に心を開けず、毎日のように衝突。梅雨の空のように曇ったままの状態が続き、何をしても母の存在や行動が私にとって苦痛そのものになっていきました。

苦しみから逃れるため様々なセミナーを受けるようになり、親子関係、特に母子関係がすべての流れを良くする重要なカギとなることが理解できるようになりました。

すべては母が源であるということなのです。これを私に当てはめると、結婚前までは荒れた自分になっていたのも頷けました。当然、母だけでなく、自分自身にも原因はあったのだと思います。

そんな中でも23歳で結婚、3児の母となり27歳になった頃、子どもをおんぶしながら2人の従業員とセレクト&リサイクルショップを立ち上げました。当時、島根の田舎町には珍しく、海外買い付け品と有名ブランドのリサイクル品を揃えた画期的な店舗でした。

大変な人気店となり忙しかったけれども楽しく、収入も満足のできるものでした。しかし、元パートナーも自営の建築業を営み、初めは順調に経過していたものの、多数の従業員を抱え事業を広げた結果、資金繰りができなくなり、結局私は元パートナーの事業の始末をせざるを得なくなりました。毎月末が苦悩の日々となっていきました。悶々とした日が続き、梅雨空どころか土砂降りの中での生活。

そんな時、知人の紹介で占いをしていただいたことがきっかけとなり、とある新興宗教と出会いました。そこで学び始めることになり、直観力を認められて占い、すべての鑑定の基礎となる家系図、先祖供養、徳積み、行《ぎょう》等について毎日のように欠かさず勉強に励みました。統計学を学ぶことで人の人生には運命と宿命があり、宿命は変えられないものの、運命は変えられると考えられるようになりました。私の占いと鑑定の基礎はここから始まったように思います。

以降、様々な先生方から決まって言われたのが、「あなたは生まれついてからスピリチュアルとは切り離せなく、スピリチュアルが天職になる」とのことでした。今振り返ると、占いや鑑定の世界に入っていくようになったのは必然の流れだったのかと思います。宣伝をするわけでなく人にお願いをすることもない中で、レイキの生徒さんは６００人を数え、鑑定人数はいつしか1万人を超えています。

ここにたどり着くまでの流れは母との葛藤から始まり、母となった私が在るべき母の姿を求めようと思えるようになりできたものです。母から生まれ出てくる子どもにとって、どうであれ母との関係が1番深いものに違いありません。

育った環境の変化、重ねていく年齢、その時々の母に対する想い、見方、態度が違う自分が居ますが、どうであれ母在ってこそ。親子関係、特に母と子の関係の大事さを体験と教えを通して伝えたいと思います。加えて、運命を変える助力が多くの人にできればと思っております。御縁があれば是非ともそういった機会を持ちたいものです。

強力なルチルパワーと自分の直感力

人生の中でふとした時に「あ、これはだめだ。こっちだな」と、直感を感じることが多々ありました。しかし、当時の私にはそれが何なのか分からず「よくある思い込み」で終わっていました。今思うと物凄く勿体ないことをしていました。

後々識《し》ることができましたが、なぜこれ程までにインスピレーションに優れていた私が失敗続きでその力を発揮できなかったのか。それは「塞がれていた」からです。

どんなに優れた力があってもそれを持ち出す大切な通り道に大きな石を置かれたら、邪魔で通れませんよね。当然です。私の場合、この邪魔な石が人や環境でした。

出したいのに出せない、発揮したいのに発揮できない、そんな私の焦燥感を受け止め、道にある邪魔な石を取り除いてくれた、私にとってのブルドーザーがルチルでした。ルチルに出会いルチルを識ってからの私は、まさに別人のよう。色々な問題がもつれた糸が解けていくように好転したり、解決できたり、し始めるようになりました。

思い起こせば私が金銭的どん底状態にあった時、ある雑誌のページに「このルチルで、あなたの人生を変えてあげます」という記事を見つけました。どこにでもあるような文ではありましたが、その時の私は藁をも掴むという気持ちであったと思います。

すぐにその言葉を載せた先生に電話を入れました。2回目でやっとつながりましたが、いきなりその先生に「あなたは人助けができる人だから、私が教えるのですぐに東京に来なさい」と言われました。当時の私は恥ずかしながら東京に行くお金がなかったので先生にお話をすると、広島まで行く用事があるので、広島で会うことになりました。これが私にとっては大きな出会いとなるのです。

その日から弟子のような形となり、3年間先生についてかなりの日数をかけて中国地方を回りました。これまで自身で学んでいたものとは別の、ルチルを使った物の波動を変える方法を先生から伝授していただきました。

先生と出会った時に所持金5千円だった私が直感力を使ったその方法で占い鑑定をすることと副業で、なんと半年で1千万円を稼ぐことができました。お金以外でルチルを持った後、状況が好転する人が多くみられるようになり、改めてルチルの持つ波動、目に見えない力に傾倒するようになりました。

付け加えてお教えしたいのは、ルチルはグリーンファントムと一緒に併せ持つことによって1+1=2以上の力を発揮してくれます。見た目にも気のいいルチルとグリーンファントムに今までご存じなかった方はもちろん、ご存じの方は是非とも今以上に興味を持っていただき、身に着けていただければ最高の開運となるでしょう。

それと目には見えませんが、私の直感力が強くなっていることに気づくようになりました。それを証明するかのような出来事がたくさん生まれたのです。実際に起きたことを紹介します。

私はハワイが大好きで何回も訪れていますが、ただ好きで行っているのではなく吉方位をとるために行くのです。プラス、大変気の良さを感じさせていただけるからなのです。ある時のハワイでかつて大学の教授をされていて、引退後、地質学の分野の方だったからでしょう、化石と隕石、パワーストーン等を販売するようになったウエスさん御夫婦と知り合い、何個かのパワーストーンを購入しました。

私はパワーストーンを購入する時に、その石が誰の処に行くのかが浮かんでくることが多々あるのですが、その時購入した「虫入り琥珀」のお話をします。お店で琥珀を手に取った時、これは広島のSさん（男性）へ行くと感じました。帰国後、何の連絡もなく5～6年経っていたS氏に電話をして「あなたに見せたいものがあるので。」と言って会うことになりました。その時に366日誕生石の本を持参し、3月6日の誕生石である虫入り琥珀のページを出して、虫入り琥珀の持つ意味やパワーについて見せてあげました。書いてあることが今の彼に全て当てはまっていたことから、即購入を決定。私の直感力が間違っていなかったことに大変大きな喜びを感じたことをよく覚えています。

これで終わっていれば「ああ、これはちょっと面白いな」と言われると思いますが、実は購入の翌日、S氏からの1通のFAXが届きました。運転免許所のコピーのようでした。彼の免許所の誕生日欄にあったのは「誕生日19XX年3月6日」でした。決して自慢ではありませんが、もう一例披露させていただきます。

大阪にある有名な神社での出来事です。この神社にも色々なお守りがある中、特につければ災難が除けてくれる御利益で有名になった、金、銀製の指輪がありました。超人気なので出されればいつも即完売。入手困難なものです。電話でお願いするも、その時に指輪は完売しているような状態。

実は以上の事はある方が教えて下さったことで私は何も知らなかったのですが、そんな貴重で御利益があるものならと思い電話をしてみることにしました。

結果、珍しく電話が通じ、なんと残っているのが1本だけでサイズが21の金の指輪があると言われました。私には合わないことはすぐ分かりますが、なぜかパートナーにという感じがしました。パートナーが何サイズの指輪か全く知らなかったのですが（パートナーは指輪嫌い人間）購入決定後、指輪が届いてから東急ハンズに走り、指輪のサイズ測りを買って、パートナーの指サイズを測りました。事前にパートナーには何も告げておりません。嫌々ながら測らせてくれた結果は、サイズ21。すぐに指輪嫌いが身に着けることになりました。

後日、連絡したときに判明したことですが、このサイズ21がこの神社で出される最後のもので、以後、金の指輪は製造中止になっていると分かり、改めて自分の直感力に感謝すると共に、何か目に見えないものが働いていたと思わせる出来事でした。

以後、私は必ずルチルを身に着け、目に見えない力をいただきながら、その時頭に浮かぶ事、耳に聞こえてくる事をもとに行動しております。皆様にはまずルチルに興味を持っていただきたいと思います。そして、ルチルが手元に在る様になれば、きっと目に見えない力が後を押し、守って下さることでしょう。

黄金のルチルパワーに感謝。

ガネーシャ様との出会い

私には運命を揺るがす出会いがありました。それは仕事で県外に行った際、何かに導かれるようにしてふらりと立ち寄ったお店での出来事です。本来の私なら絶対に近寄らない場所なのですが、何故かその時は「このお店に入らなければいけない」と強く思いました。そこで出会ったのが私の運命全てを変えてくれる「ガネーシャ様」でした。

その時、偶然にもインド占星術を見てくださる先生がお店にみえて特別に占っていただくと「あなたはガネーシャに縁が深い」と言われ、思わず息を飲みました。

実はガネーシャ様に会うのは、これが初めてではありませんでした。昔、たまたま見かけて惹かれて購入し、家の神棚に置いては毎朝お水をあげていた置物があったのですが、それが まさにガネーシャ様でした。勿論ガネーシャという名前も知らなければ、それがどのような存在なのかも知りませんでした。

ガネーシャ様のことを深く知ったのは、この日が初めてでした。そして、その日は折角の縁ということでガネーシャ様を一体いただいて帰りました。ガネーシャ様を理解してお迎えしてから、奇跡が立て続けに起こりました。特に驚いたのは、お仕事でガネーシャ様に縁のある方との出会いが増えたことです。

例えば、とある1人の生徒さんがいらっしゃいました。その方は66歳で今まで私の所へ13年間通い続け、様々な勉強、体験をされてきましたが、インド占星術によると元々結婚しにくい星の下に生まれている方でした。

その方がガネーシャ様に出会い、様々なしきたり、お祈り、行《ぎょう》等を通して運命を変えられ、2022年6月にめでたく結婚できたのです。この方が強い気の力を持ってガネーシャ様にお願いを続けられた事を目の当たりにしておりますので、改めてガネーシャ様のお力、この方の気の強さに驚くばかりです。

私はといえば、ガネーシャ様と出会って以来、ガネーシャ様に対する思いが強くなり、インドでいう御祈祷（プージャ）と火を使った御祈祷（フォーマ）をシンガポールで体験し、プージャは日本でお願いをし、遠隔で行っていただいております。

更にインドで運命改善ができると言われているルドラクシャーやナヴァラトナを身につけ、必要な人にはお勧めしております。当然、朝晩のお参りを欠かさず常にガネーシャ様と共にある気持ちで毎日を過ごしております。

まず1度ガネーシャ様に出会われますように。そして、出会われた時には今までにない興味をお持ちになって接してみていただければと思います。ひょっとすると何かのメッセージを受け取ることができるかもしれません。

私にとってルチルと共に運命を変えていただいたガネーシャ様ですが、ガネーシャ様の行き先は、ガネーシャ様が決められるそうです。どうか皆様の下へガネーシャ様が訪れますように。オーム・シュリー　ガネーシャ　ヤ　ナマハ。

私を見つけられないでいる人達へ

本来私は外国との縁が深いと言われており、外国に興味を持っていたこともあってチャンスが来たら海外との交流、できれば何か事業に取り組めないものかと思っていました。実際、観光と小さなビジネスチャンスのため、これまでに韓国には100回位、ハワイは35回位、その他中国、台湾、シンガポール等に行きました。結果、多くの友人や知人ができ、事業をするにあたってその中の人達に橋渡しになっていただける可能性が出てきました。

約1年半前のことですが、普通では考えられないような仲間と事業を立ち上げることになったのです。その仲間とは元旦那と今のパートナーと私です。事業内容は環境、農業関連のものです。これはまさに私の夢であった海外に滞在しながら、何らかの仕事をするという手が実現手前に来たという事です。

現在の地球が求める環境づくりに関わり、クリーンな農畜産物も作っていくという目的のものですが、未だ完全に実現した訳ではありません。ただし、現段階の流れ、動きからして実現性の高いものには違いありません。目的地は私が最も住みたかったハワイです。

ここで夢を実現させせます。

占い、鑑定とは全く別の世界ですが、世の為、人の為になることには共通点があると思っております。結局は世の為、人の為になるという使命を果たすべく、新しい事業にチャレンジ致します。

願っていることに対して強い気持ちを持ち続け、行動を起こすことを怠らなければ、願いは実現する。これは私がわたしを見つけられないで悩んでいる方々に1つの光明として聞いていただきたいものです。

加えて、今までに得た経験、体験と学んできたものすべて、私の直観力を1つにして再度自分自身を見つけられないでいる人達の力になりたいと強く思っています。会って話して少しでも力になれれば幸いです。いつも想っています。考えています。

ガネーシャ様、先の先生の教え、ルチルの力、更には目に見えない自然、宇宙の力いただきながら。

Message

あなたへのメッセージ

何かを決断するとき
「勇気がいるほう」を
選んでみてください。
もちろんリスクは伴いますが、
必ず乗り越えられる。
自分の人生さえ諦めなければ、
理想は実現する！

櫻段佑記さんへの
お問合わせはコチラ

合同会社ヴォーチェ 代表
福祉事業
佐藤奈々子

歯科衛生士から福祉の道へ！大きな壁を何度も乗り越えてきたからこそ見えた「本当の幸せ」

Profile

1976年山形市に生まれる。専門学校卒業後歯科衛生士として10年勤務した後、福祉業界へ。2010年合同会社ヴォーチェ設立。脳梗塞の後遺症がある方や重度の障がいがある子どものデイサービスなど市内に3事業所開所。2020年、新たに社会福祉法人を設立し事業を拡大。2022年、互いの違いを認め合い誰もが生きる喜びを共有できるインクルーシブな遊び場「シェルターインクルーシブプレイスコパル」の運営企業となる。

1日の
スケジュール

Morning

- 7:00 起床
- 8:30 メールチェック・スケジュール確認
- 9:00 打合せ・会議
- 13:00 事務作業・会議
- 18:00 帰宅し夕食
- 19:00 Zoom会議・研修
- 21:00 愛犬の散歩・買い物・家事
- 22:30 筋トレ・ストレッチ
- 23:00 入浴
- 24:00 一日の振り返り・就寝

Afternoon

福祉の道へ歩むきっかけ

福祉の道へと歩むきっかけとなったのは歯科衛生士の専門学校時代に訪問した養護学校での実習でした。これまで逢ったことのない重い障がいがある子どもたちに、ブラッシングをしている時に指を噛まれました。指を噛まれた痛みではなく、何か違う胸の痛みを感じました。直観で、いつかこの子どもたちと一緒にいる自分をぼんやりと想像したのを憶えています。

専門学校を卒業し歯科衛生士の資格を取り、地元の歯科医院に勤務しました。結婚をして2人の娘にも恵まれ、気が付いたら27歳になっていました。その頃から何となく胸がざわつくことが多くなりました。私が3歳の時に、この世を去った母の年齢が27歳だったのです。自分の親の年齢を超えるとき、人はこんな気持ちになるんだと思いながらこれまでの自分の人生を振り返りました。母が亡くなった時、兄は5歳、弟はまだ生後10ヵ月でした。父は酒屋を営んでおり、祖母が家事全般をこなしてくれました。父は職業柄ユーモアセンスを持ち合わせていながらも、基本厳しい性格でした。母の命日の5月5日は毎年決まって深酒をし、夜中に泣きながら祖母に当たっている姿を見て怯えていたのを憶えています。だから、こどもの日は大嫌いでした。小学校に入学し、母がいない私は髪を結んでもらえず、いつもボサボサ頭。洋服はデパートではなく祖母の行きつけの近所の呉服店。運動会のお弁当は、緑と赤がない茶色の弁当。母の日が近づくと、決まって学校では「お母さんの絵を描きましょう！」母の日は大嫌いでした。誕生日やクリスマス、外に出てたくさんの温かい家庭を目にするたびに感じる胸の痛みと虚しさ。それでも私たち兄弟を笑顔にしようと必死に頑張っている父にバレないよう努めて明るく振舞い、隠れて何度も泣きました。

今でも消し去ることができない一番辛かった光景は、父が家の中で火を放ち小学生の兄が一生懸命火を消そうとしている姿。深夜に父に起こされて車に乗せられ、猛スピードからの急ブレーキ。父は何度も死のうとしていたのです。朝になると父は何もなかったように店を開け、私たちは「行ってきます」と学校に通う。こんな日々を繰り返していました。

店はいつも地域の方々で賑わっていました。店にいると近所のおじちゃんやおばちゃんが笑顔で話しかけてくれて居心地がよく、いつの間にか私の居場所になっていました。買い物にきたおばちゃんの家についていき夕食をごちそうになったり、お風呂に入れてもらったり。小学校入学時には手作りの手提げバッグをプレゼントしてもらい大喜びしたのを憶えています。気づかないうちにたくさんの人に愛情をもらい、たくさんの人に育ててもらっていたのです。決して恵まれた幼少期ではありませんでした。辛い経験もたくさんしました。しかし、同じくらい楽しい思い出もありました。片親だからと寂しい思いをさせないように父はPTAなどの役割を積極的に引き受け、学校に来て私を見つけてはいつも笑って手を振ってくれました。夏の思い出を作るために、毎年忙しい店を休んで海水浴に連れてってくれました。書道やピアノ、バレーボールなど、やりたいことは全てやらせてくれて、全力で応援してくれました。今私がこうして笑っていられるのは、地域のたくさんの人々、そして不器用ながらも精一杯愛情を注いでくれた父と祖母の大きな愛があったからだと、27歳の時に改めて気づいたのです。過去を振り返り、たどり着いた言葉は「感謝」でした。何だか心が温かくなるのを感じました。

これまで自分がたくさんの人に「愛」を与えてもらったように、今度は与える人になりたいと強く思うようになりました。そして30歳の時に歯科衛生士を辞め、福祉の道へ歩むことを決意したのです。福祉について何の知識もなかった私はまずは資格を取ろうと「ケアマネジャー」の勉強を始めました。歯科衛生士の仕事をしながら、子育てと家事、そこに資格の勉強。決して簡単なことではありません。仕事と家事を終えた後、夜中まで勉強をする日々を1年続け、見事資格を取得できました。そしてご縁があり、新規オープンするデイサービスに就職が決まり、福祉の道への第一歩を歩み出したのです。

起業の決断と苦難

新たな職場は、リハビリに力を入れたデイサービス。主任の役職をいただき、利用者とその家族の笑顔を見るために積極的に活動の企画提案を行い実践しました。そんな中、どうしても気になることがありました。脳梗塞の後遺症で半身マヒになってしまい、言葉が上手く話せなくなった利用者は40代から50代と比較的若い方が多く、70代から80代の高齢の方が多いデイサービスでは浮いていました。自分なら自分の親と同じ年齢の方と一緒に、歌やレクリエーション活動ができるだろうか。若い利用者を集めて何かできないか考えるようになりました。失語症の参考書を片手に昼休みの時間を利用して、言葉のトレーニングを始めてみました。すると、無表情だった利用者に笑みが生まれ、少しずつですが簡単な単語を話せるようになったのです。同じ年代の仲間と悩みを共有しながら、一緒にトレーニングすることが意欲の向上に繋がりました。「これだ！」と思い、昼休み以外にも時間を取れないか相談しましたが、答えはノーでした。組織では簡単に自分の意見が通らないのは当然のこと。

そこで浮かんできたのが「起業」でした。3年勤めた会社を辞め独立を決意。34歳の誕生日が会社設立記念日となりました。皆さまの声を大切にできる会社にしたいとの思いから、会社名は「ヴォーチェ」。イタリア語で「声」という意味です。貯金はほとんど無く、運転資金と設備資金合わせて650万円を借りるのがやっとでした。資本金はたったの10万円。自宅マンションを使い、従業員3人でスタートしました。脳梗塞の後遺症で半身マヒや失語症を患った方を対象に、カフェのような空間で自己選択、自己決定の個別リハビリを提供。当時のデイサービスでは当たり前だった入浴サービスを提供しない選択をしました。新しいタイプの、利用者のニーズに寄り添ったデイサービス事業。

自信を持って営業に出かけましたが期待していた反応と裏腹に、返ってきたのは「入浴が無いデイサービスなんて大丈夫ですか?」という言葉でした。利用者も思うように増えず、運転資金は3ヵ月で底を尽きてしまい、自分のカードを切って給与を支払っていました。それでも、信念を曲げずに目の前にいる利用者の喜びを第一に考え、行動し続けました。祖母はいつも「損して得取れ」という言葉を口にしていました。今は自分の利益にならなくとも、例えマイナスだとしても、信念を持って行動していればいつか大きな財産となり返ってくる。その言葉を信じてやっていたものの、もうこれ以上やっていくのが厳しい状況になっていました。そんな時1本の電話が鳴ったのです。「紹介したい利用者がいる」「高齢者が多いデイサービスに行きたくない利用者がいる」「言葉のリハビリをしてくれるデイサービスを探している」との内容。それから口コミで少しずつ広がり、オープンして半年が過ぎたころには利用者は順調に増え、赤字を脱出することができたのです。

開所から2年が経過し、自宅マンションの住人に気を遣いながらの営業も限界を感じるようになり、近くに2階建ての新社屋を建てる計画を決意。1階でこれまでのデイサービス、2階で地域の福祉課題を解決できる何かができないかを考え始めました。そこで浮かんだのが身体障がい児の療育施設でした。その当時、山形市には身体障がい児を受け入れる施設が無く、特別支援学校に通う障がい児は学校が終わると家で過ごし、夏休みや冬休みなどの長期休暇はずっと家族と過ごしており、両親のどちらかは仕事に就けない状況でした。自分が当たり前に子どもを預けてフルタイムで仕事をしてきたことが、当たり前ではなかったことを知りました。障がい児療育の経験は全く無い私には不安しかありませんでしたが、同じ子どもを育てる一人の母親として知らないふりなどしていられない！その一心で、身体障がい児の療育施設の開所を決断しました。その時、歯科衛生士の学生時代に出逢った子どもたちを思い出しました。開所初日にお迎えに行った学校は実習で行った養護学校でした。「時間かかったけど、迎えにきたよ」心の中でそう思いました。大きな愛と勇気を持って、行動できる人でありたい。自分のあり方、自分の理念を信じ続けることで夢は実現できる。そう確信した瞬間でした。

理念と覚悟が自分を強くする

障がい児の療育施設の開所が決まった年に、父がガンで入院しました。父は最後まで反対でした。父はわかっていたのです。これまでやってきた介護事業と比べて障がい者の事業は簡単ではなく、もっと大きな「覚悟」が必要なこと。「わかった。やらない」父を安心させるために、嘘をつきました。新社屋の建設中に、父は静かに息を引き取りました。

身体障がい児に特化した事業所は、たった2ヵ月で満所となりました。障がい児支援の経験が全くなかったので、病気の名前や障がいの特性、全て初めて聞くものばかりでした。先生は専らお母さん。車いすの操作の仕方や抱っこの仕方、発作の対応、食事のこと、排泄のこと、苦手なこと、好きなこと、一から教えていただきました。少しずつ慣れてきた頃、「〇〇君って可愛いですよね」と一人のお母さんに言った時のことです。「小さいうちは誰でも可愛いですよね。でも大きくなったら可愛いじゃすまないんですよ。ずっと続くんですよ。無責任なこと言わないでください」ショックでどう返したらよいのかわかりませんでした。あるときは、「利用対象は身体障がいを持つ子ども」と書いてある事業所のパンフレットを見せられ、こう言われました。「うちの子が障がいを持っているのではないんです。うちの子が生きていくのに障がいがあるんです。社会に障がいがあるのです。だから障がいを持つ子どもではなく、障がいがある子どもに直してください」と。こうして一つ一つご指摘をいただきながら「寄り添うとは何か」を学んでいきました。

オープン当初は身体障がい児と言っても、人工呼吸器をつけている子どもや痰の吸引が必要な子どもなど、重い障がいがある子どもの受け入れを行っていませんでした。スタッフに看護師がいなかったこともありましたが、お預かりしている時にもしものことがあったら責任をとれるだろうか。一番の理由は「怖さ」です。子どもを養護学校にお迎えに行くたびに見かける、重い障がいがある子どもを見て見ぬ振りをしている自分が情けなく感じるようになりました。本当に支援を必要としているのは、この子たちと家族。このまま怖さから逃げていて良いのだろうか。そのときに浮かんだのが「自分の理念」と「覚悟」でした。どんな時でも愛と勇気をもって行動できる人でありたい。覚悟を決めました。

これまで小学生から18歳の身体障がい児としていた利用対象者を未就学児、医療的ケア児、重症心身障がい児に広げ、定員を増やすために事業拡大を決意しました。

決意したとは言え、会社には資金がありません。すぐに目の前に大きな壁が現れたのです。しかし、諦める選択肢はありませんでした。幼少期を思い出したのです。背中を押したのは、目の前の苦難を何度も乗り越えてきた過去の自分でした。できない理由を数えるのではなく「どうしたらできるか」を考えること。困難が多かった幼少期だったからこそ、自然と身につけた「生きる力」でした。資金源を調べていくうちにたどり着いたのが国の補助金でした。必要と認められた施設にのみ建設費の3分の2が補助されるものでした。

県議会議員や地域の方、補助金事業に詳しい設計事務所など、たくさんの方々の力を借りながら準備を進めていきました。必要としている方の署名が集まり、事業計画を含む申請書も何とか仕上がり、あとは土地の契約を残すのみでした。土地の売買契約の当日、雑談をしている中で不動産と売主が口論になり、売主が売却を断ってきたのです。申請締め切りまで1週間しかありませんでした。新たに土地を探す時間は残されていません。何度も考え直していただけないかお願いするものの、売主は首を縦に振りません。さすがに今回は縁がなかったと諦めようとしたときに、目の前に現れたのは事業所の子どもたちの笑顔の写真でした。子どもたちの中には、命に限りがある子も多くいました。自分の無力さに涙が溢れました。気が付いたら土下座していました。頭を床に付けながら、障がいがある子どもたちへの思いを全力で伝えました。そのまま10分ほどの沈黙が続き、売主はついに口を開きました。「顔を上げてください。あなたの本気の思いが伝わりました。私の気持ちが変わらないうちにさっさと契約を済ませてしまいましょう。」

数ヵ月後に無事に補助金の採択が下り、念願の事業拡大が実現しました。

亡き両親へ伝えたいこと

あれから7年が経ち、たった3人で始めた会社のスタッフは60人を超えました。一人では成し得ないことも、仲間がいることで成し遂げられる。自分の理念を大切にすることが自分の夢を叶え、自分を大切にすることに繋がる。会社経営をすることで学んだのは知識や技術はもちろんですが、何より「人間力」でした。福祉の道へ歩む前の自分は、社会課題について無関心でした。マザー・テレサは「愛」の反対は憎しみではなく「無関心」と言っています。正直、自分さえ良ければいい、自分の周りだけ良ければいい、不運なことが起きれば誰かのせい、環境のせいにしていました。一生懸命頑張っている人を見ても、何処か冷めている自分がいました。しかし、福祉事業と出逢い、たくさんの障がい児者と出逢い、これまであたりまえだと思っていたことはすべて奇跡であり、あたりまえのことに感謝できるようになったのです。一生懸命「生きる」ということが、どんなにかっこいいことかを知りました。どんなときも愛と勇気を持って本気で伝え、本気で行動すれば応援してくれる人が現れ、できる方法が見つかることを学びました。地域課題に関心を持ち、ぶれない信念を持って行動すれば遂にはゼロだったものを1に変えられることを知りました。

何よりも等身大の自分、完璧じゃない自分を受け入れ、自分を好きになることができたのです。

会社設立から12年。今では医療スタッフも増え、どんなに重い障がいがある子どもでも、ドクターの許可があれば利用できるようになりました。また、2022年の春には市からの委託を受け、障がいの有無などのお互いの違いを認め合い、共に学び合えるインクルーシブな遊び場（児童遊戯施設）の運営企業となりました。すべての子どもたちが健やかに成長するために必要な「生きる力」「インクルーシブ」「地域共生」をコンセプトとしたこの遊び場は「キッズデザイン賞」を受賞し、新たな可能性で満ち溢れ、同時に障害がある子どもたちの夢も広がり続けています。

一方で、地域の福祉資源がまだまだ不足していることも深刻な問題です。18歳以上の重い障がいがある大人が通える施設やお泊りの施設が足りていません。今後のビジョンとしては、重い障がいがある子どもが大人になっても安心して住み慣れた地域で暮らせる仕組みを創ることです。障がいがある子どもを育てるお母さんは、終わりのない子育てをしています。どんなお母さんも「子育ては20歳まで」という考えをあたりまえにしたいと思っています。多くの子どもたちが成人したら独立していくように、障害がある大人も20歳になったら家を出て社会に出る仕組みです。それが重い障がいがある大人のためのグループホームです。お母さんは好きなときにホームに遊びに行けます。そこにはインクルーシブ保育園やクリニック、カフェも併設され、地域の方のたまり場になるような居場所です。

最近「幸せ」について考えることが多くなりました。昔は、胸を張って「幸せです」と言えませんでした。今は違います。幸せは「なるもの」ではなく「気づくもの」「感じるもの」だと気づいたからです。福祉事業と出逢い、あたりまえの小さなことがどれだけありがたいことかを知り、毎日感謝する習慣が身につきました。日々の小さな感謝の積み重ねが、幸せを築いていく。「幸せ＝感謝」にたどり着きました。

また、他人と過去は変えられないが、自分と未来は変えられるという言葉をよく聞きます。もちろん未来は自分で作るものですが、今では過去も変えられるのではと思っています。私自身の幼少期は母親がいないことでつらいことがたくさんありました。しかし、その経験があったからこそ、相手の気持ちに寄り添える「共感力」や、どうすればできるかの「考える力」「生きる力」を身につけることができ、現在の経営に活きています。今は過去のつらかった幼少期に感謝できるようになり、マイナスだったはずの過去をプラスの出来事に変えることができました。

生きていくための障がいは誰でも持っています。歩けない方が車いすを必要としているのと同じように、視力が弱い人は眼鏡やコンタクトをつけています。物の力、人の力に支えられながら生きています。私もその一人です。すべての人が生きる意味を持って生まれてきます。命そのものに素晴らしい価値があります。ひとりで生きることが「自立」ではなく、たくさんの人に支えられながら自分らしく生きていくことこそが「自立」。福祉事業をとおして、誰もが生まれてきてよかったと「生きる喜び」を共有できる社会を創ります。

いつか「障がい者」という言葉が無くなるくらいのインクルーシブな社会を創ります。もう迷いはありません。この先どんな困難なことがあろうと、前に進み続けます。父と母からもらった「愛」と「勇気」と「覚悟」を持って。

最後に、私を生んでくれた母、生きる決意をしてくれた父、愛情を注いでくれた祖母、いつも応援してくれる家族と兄弟、夢に向かって一緒に歩んでくれる会社の仲間、「大丈夫」といつも背中を押してくれるパートナー、関わる全ての方々に捧げます。心から感謝を込めて。

私は、幸せです。きっとこれからも幸せです。

Message

あなたへのメッセージ

目の前に大きな壁が現れたときは、
できない理由を数えるのではなく
「どうしたらできるか」を考える。

自分を信じて「晴れやかな心」と
「一念」があれば
大抵のことは乗り越えられる。

佐藤奈々子さんへの
お問合わせはコチラ

有限会社JOY企画 代表取締役
研修講師の派遣／イベント司会・運営
清水亜希子

人生を変える きっかけをくれた マナー研修！ 自分らしく 幸せに生きるために 必要な考え方

Profile

1970年、兵庫県出身。自動車販売会社で5年営業を担当し、女性営業トップセールスに。退職後、フリーアナウンサーとしてテレビ・ラジオに出演、イベント・ブライダル司会を経験。ザ・リッツカールトン大阪でVIPの対応、ゲストリレーション業務を担当後、講師として活動を開始。研修講師の派遣、イベント司会・運営等の会社を経営。JPPI認定ポジティブ心理学トレーナー。一児の母。ミセス日本グランプリファイナリスト。

1日の
スケジュール

Morning

5:30 起床　お弁当作りをはじめ家

8:30 事務作業及び登壇
・メール対応
・進行中の研修案件確認
・研修カリキュラムやテキスト作成
・クライアントとの研修日時や
内容についてのお打ち合わせ

19:00 帰宅し夕食

22:00 事務作業

24:00 就寝

Afternoon

人が変わるきっかけになりたいと講師の道へ

私は企業や大学、高校で、コミュニケーションやマナー、レジリエンスなどさまざまな研修や講義を担当する講師として活動しています。堅苦しく聞こえますが、明るく楽しくがモットー。身近にいるおかんのような存在になりたいと思っています。講師をしていると自分を出すのが怖くて発言できないなど、自分に自信がない人が多いと感じます。ネガティブな部分に目が行きがちで、今の自分ではダメだと思ってしまうんですね。

でも、そんなことはありません。今のままの自分にも、自分らしさや強みがあるはずです。それを見つけ、輝かせることで気持ちが前向きになりますし、職場で活かせる方法を見つけていくことで成果も上がります。私が大事にしているのは、受講生の良いところを伝え伸ばすこと。「Good」なポイントを伝えた上で、こうすればもっとよくなるよ、と背中を押していきます。研修や講義を通して「Good」と「もっと」を伝え、自分自身に幸せを感じられる人を増やしたいと考えています。

講師の仕事に出会ったのは、新卒で入社した自動車販売会社で受けたビジネスマナー研修でした。今思えば挨拶や姿勢、お辞儀の仕方など、ごくごく一般的な内容だったと思います。それでも、初めて研修を受けた私は「所作一つでこんなに印象が変わるんだ」と大きな衝撃を受けました。大学時代の私はとにかく恋愛や遊びのことしか考えておらず、自分でも「人間失格だ」と思っていました。それが、教えてもらった通りに発声しお辞儀をしたら、自分の知らない自分になったように感じられたのです。なんて面白いんだ！と思いました。勉強はできなかったけれど、これならできるかもしれない。これができるようになれば私も変わる、と直感しました。

1年目の仕事は事務。営業がやりたかった私はショックを受けましたが、とにかく電話対応を頑張ろうと決めました。先生にもらったプリントをデスクに貼り、それを毎回参考にして電話口でお客様に対応しました。すると周りから「電話対応うまいよね」と言われたり、上司に褒めてもらえたりするようになったのです。

さらに、会社の代表としてトヨタ自動車主催のお客様テレフォンコンクールに出場し、奨励賞を受賞することもできました。大学時代の人間失格だった自分から、人に認めてもらえる人間にランクアップした気持ちでした。

その後は、やっぱり営業の仕事が諦められず、常務の席まで行って直談判し、入社1年後に事務から営業に移動させてもらうことができました。営業でも研修で学んだ挨拶や所作、言葉遣いを忠実に実践。お客様相手の仕事なので、実践したことがそのまま実になって返ってくる感覚がありました。躊躇せずに人とコミュニケーションを取れる性格も手伝って、女性営業成績ナンバーワンを達成することができたのです。

所作や言動自体が変わると、自分自身が変わり、相手も変わります。全然ダメだと思っていた私も、自分のことを「今の私、ちょっとえーんちゃう」と思えるようになり、周囲からも評価してもらえるようになりました。

第一印象は、会って数秒で決まります。そして、その印象はかなり長い時間継続します。人間関係のスタートの大切なポイントだからこそ、相手に好印象を与える立ち居振る舞いはより重要になるのだと学びました。身につけたら一生ものですよね。

マナー研修が、私が変わるきっかけになりました。私もいつか、人が変わるきっかけの一つになれたらなんて面白いだろう。そんな気持ちが芽生えました。小さい頃から目立つことも人前で話すことも好きだったので、やがてあの研修をしてくれた先生のように、講師になりたいと考えるようになりました。

きっかけ一つで人は変われます。

好きと得意を仕事に。子育てとの両立

5年ほど働いたあと、会社を辞め、講師の仕事にチャレンジしました。しかし、当時は20代だったので、研修会社に所属しようとしても若すぎて採用してもらえません。

更なるスキルアップが必要だと考え、ホスピタリティを極めようとホテル業界へ。ザ・リッツカールトン大阪で働き経験を積むことにしました。バンケットフロア専属のコンシェルジュとして、政財界をメインに年間三百名のお客様のVIP対応、ゲストリレーション業務を担当しました。仕事は正直、辛かったです。業務量が多く残業が続き、「3分で飯食ってこい!」と言われることも。その上、頑張ってもサボっても報酬が同じなのでモチベーションが削がれてゆきました。辛いと感じることは、続けられないし生産性も上がらない。無理せず、好きなこと、得意なことを仕事にした方が良いと痛感しました。

しばらく働いたのち、退職。今度は研修会社に所属し、講師の仕事を始めることができました。主に担当するのは、マナーやコミュニケーションなどの研修、講義です。

登壇するとき胸に留めていたのは、「受講生がいるから研修講師の仕事がある」ということでした。目先のプログラム内容ばかりに気を取られず、受講生の目線に立って考え

工夫しました。まずは目的、「なぜ研修をやるか」をきちんと語れるよう気をつけました。目的を理解できれば、「何をやるか」「どのようにやるか」はおのずと明確になり、意欲を持って取り組みやすくなるからです。

100名以上を前に話すこともありますが、全体に向かってではなく、1人ずつと話すつもりで取り組みました。一方的に話すのではなく対話の機会を設け、何がわからないのか、不安なのか、しっかり聞き双方向のコミュニケーションを大切にしました。

その結果、研修を通して人が変わっていくのを見ることができたのです。可能性を引き出したことが自信に繋がって、受講生の笑顔が輝くのを見るのは感動の瞬間です。

例えば、ある企業の内定者研修。受講生は「とにかく失敗したくない」と不安が強い子ばかりでした。そこで、困難な状況に陥ったとき、回復できる力を身につけられるよう、レジリエンスを高めるプログラムを交えながら研修を組んでいきました。数ヵ月後、再び企業を訪問すると、受講生の雰囲気がガラッと変わっていたのです。来る企業を間違えたかと思うほど明るくなって、挨拶の仕方も変わりました。

他には、冠婚葬祭のスタッフさん向けのヒアリング研修をしたときのこと。ロールプレイングをしたところ、ウエディングプランナーとして参加した子が失敗し、大泣きしてしまったのです。しかし1年後、その子は営業成績トップになりました。研修での失敗を糧に、新規のお客様が入るときは誰よりも朝早く出勤し、事前にロールプレイングをして臨んだそうです。

研修をきっかけに変わったと言ってくれました。その企業の担当者からも、「一生あいつらを見てやってください」と嬉しいお言葉をいただきました。人が前向きに変容していく姿を見ることが、何よりものプレゼントでしたね。加えて人前で話すのが大好きだった私にとって、講師は好きと得意を活かせる仕事。やはりこの仕事を続けていこうと思いました。

その後、30代になり、結婚し出産を経験。子どもを産んでからも、働くことに迷いはなかったです。産後3ヵ月ごろから、やりたいと感じる仕事は受注するようにしていました。出張が入る企業研修は受けないと決めて、高校・大学や官公庁を中心に入れていました。

母と同居していましたし、主人も協力的でした。それでも夜はワンオペなので、体調管理はしんどかったですね。夜中に何度も起きるので睡眠障害になり、薬を飲まないと眠れなかった時期もあります。ベビーカーで寝ている子どもの横で、公園のベンチで寝てしまうこともしょっちゅうでした。

母乳育児だったため、本格的に仕事に復帰してからは何度も乳腺炎にもなりました。自分にかける時間もなく、産後太りで人生最大級の体重、年齢以上に老けて疲れた顔をしていたと思います（笑）。

それでも、会社員ではないので、休んだら自分の席が取られて、仕事がなくなってしまうだろうと思っていたのです。休んでも大丈夫だと思える自信がなかったのかもしれません。3歳で幼稚園に入れるまでは大変でしたが、会社員に戻ろうと考えたことはありませんでした。会社に入ると役割とやることが決まってしまって、1つのことしかできなくなると感じていたからです。やりたいことをやっていたい自分にとっては、個人でやっていく方が合っていました。それに、個人で仕事をしていたおかげで、時間の融通を効かせることができました。会社員だと定時で働かなければならない場合が多いですが、自分で仕事していれば仕事量を調整することができます。やっと授かった子どもだったので、一緒にいる時間を大切にしたい気持ちは人一倍ありました。結果的に子どもと過ごす時間を増やすことができましたし、参観日やイベントにも参加できました。

働いていたことが子どもにとってよかったのかどうかは、まだわかりません。でも今、中学生になった子どもは、仕事している私を応援してくれています。仕事の勉強をしていると覗きにきて、オンラインで講義をしているときは静かに見守っていてくれることも。疲れているときは外食に誘ってくれたりします（笑）。仕事で頑張っている姿を見せることが、子どもにとっても刺激になっているといいなと思います。

Happiness is a choice

ある大学を担当させていただいたときのこと。「自己肯定感をテーマにした講義をしてほしい」とご依頼を受けました。確かに大学生の前でお話ししていると、自分の意見を言うのが怖くて周りに合わせてしまう、才能や容姿など自分にないものに目を奪われ、人と比較して落ち込んでしまうなど、自分に自信のない子が多い印象がありました。何を伝えればいいか考えていたところ、「ポジティブ心理学」という学問と出合ったのです。

ポジティブ心理学は、幸せに生きることを科学的に研究する学問の一つで、身体的・精神的・社会的に満たされた「ウェルビーイング（well-being）」な状態を目指します。前向きに考えるという意味のポジティブシンキングと混同されることがありますが、ポジティブ心理学はネガティブな感情も含めた広範囲の心理状態を受け入れる能力を身に付けて、人生の出来事に対応することが大切と考えます。

ネガティブな気持ちには、なるべく蓋をして忘れようとしがちですよね。でも、その気持ちを受け入れないと、苦しみはより強くなるのです。感じた痛みや不安に蓋をして止めることなく、流してあげることが大切です。それに、ネガティブな感情はポジティブ感情以上に役立つことがあるんです。例えば仕事がうまくいかなくて感じているイライラも、そのストレスがあることでクオリティの高い仕事に繋がるかもしれません。子どものいたずらに感じている怒りも、危険を未然に防ぐために生まれた重要な感情かもしれないのです。全ての感情を引き出し統合することで、全体として幸せになるという考え方です。

私はこれまで、幸せとは今ここにはない特別なもの、努力して手に入れなければならないもののように思っていました。しかしそうではなく、幸せは当たり前にあり、自分の捉え方によって気が付くかどうかに過ぎないということを学びました。例えば、水が半分入ったコップを見て、「もう半分しかない」と思うのか、「まだ半分もある」と思うのか。事実は変わりませんが、どう捉えるかは自分の見よう・言いよう・捉えようです。幸せは自分で選ぶものであり、選べること。「幸せになる」のではなく、幸せで「ある」ことを選ぶということ。幸せは自分次第、「Happiness is a choice」なのです。

この考え方を知って、私自身、自分の過去と向き合うことができました。私は子どものころ両親が離婚し、母親に育てられています。小学校に上がるとき、母から「引っ越すよ」と言われ、引っ越した先に父は帰ってきませんでした。それまでの裕福だった生活から、母と二人暮らしへ。いきなりジャングルの中に放り込まれたように感じました。何かおかしいと思いながら、母には何が起きているのか聞けませんでした。

離婚したのだと気がついたのは小学4年生のときです。そんな過去は辛い思い出で、これまでなるべく蓋をして見ないようにし、人に話すこともできずにいました。でもポジティブ心理学を学んでいくうちに、「この経験をしていることにも意味があるのかもしれない。この経験をした私だからこそ伝えられることがあるかもしれない」と思えるようになりました。

人の脳はできなかったこと、足りなかったものを記憶しがちだといいます。でも意識的にできたこと、満たされたことに意識を向けると、物事の捉え方が変わっていきました。ハッピーな私は「なる」ものではなく、もう「ここにある」。その当たり前に気づくことが大切だと知ったのです。この気づきを取り入れ、大学で「ハッピーな私になる」ことをテーマに自己肯定感の講座を開講しました。多くの学生が参加してくれ、大学からも「反響が大きかった」と言っていただくことができました。

「Happiness is a choice」。

物事の捉え方を変えて、当たり前化した幸せに気がつき、味わうことの大切さ。私自身が身を以て感じたこのことを、もっと多くの人に伝えたいと考えるようになりました。

ウェルビーイングを実現する循環を

これからは、「Happiness is a choice」という考え方を通して、自分らしく幸せに生きる方法をより多くの人に伝えていきたいです。講師の仕事では、さらに自分を磨いていきたいですね。講師が受講生と接することができるのは、彼ら、彼女らの一生の中でとても短い時間にすぎないかもしれません。それでも、私が研修で変わったように、彼ら、彼女らが変わるきっかけの1つになる可能性もありますし、そうありたいと願っています。

だからこそ、ただ知識を伝えるのでなく、自らが力の源泉となって受講生の意欲や能力、自立心を引き出し、個人や組織の目標達成を目指して行動する。自分が本気になることで、人や組織に力を与える、エンパワーリングすることが大切だと考えています。

受講者と講師の間の信頼関係も不可欠です。人が人を信頼するためには、知識や経験、人間性、包容力、情熱、向上心、表現力、計画性、状況分析力…など、さまざまな力が必要になるはず。それらを身につけ磨いていきたいです。また、研修や講義は一つとして同じものはありません。毎回考える必要がありますし、飽きられないよう常に新しいインプットが重要です。勉強が苦手だったので、実はインプットにはめちゃくちゃ時間がかかるんです（笑）。でも、周囲の人から情報を教えてもらいながら積極的に学び続けていきます。

加えて、私は講師の仕事の他に、イベントやパーティーの運営や司会をする会社の経営もしています。父が会社経営をしていたこともあり、社会人になってからずっと、いつか起業したいと考えていました。そんなとき、学生時代にバイトをしていた会社の社長と偶然再会したのです。社長が「誰かに会社をやってほしい」と言うのを聞き、すぐに「私がやります！」と事業を引き継ぐことにしました。バイトをしたこともある会社なので内情がわかっていましたし、ホテルマンだった経験から取引先であるホテルへの知識もありました。

そのため、承継する上での苦労はほとんどなかったです。やりたいことをしてきた延長線上に会社経営があったという感覚でした。起業というとハードルが高く感じていましたが、何かやろうと頭で考えるよりも、まず小さくても良いから自分でやりたいことを実行しておいて、チャンスがきたら広げるイメージで良いのだと思います。唯一、財務・会計を含む経営知識はもっと勉強しておいた方がよかったですね。苦手なので苦労しています。

事業を引き継いだこの会社では、セミナーや研修の講師の派遣も行うようになりました。イベントの参加者、そして働いてくれているスタッフたちがよりハッピーになれるよう働きかけていきたいです。手の届く範囲で自分らしく幸せに、ウェルビーイングに生きる人を増やしたい。そうすることで、結果として社会全体もそうなると考えます。

「シャンパンタワーの法則」と言われる考え方があります。グラスをピラミッド状に重ね、一番上のグラスからシャンパンを注ぐと、上から下の段へと徐々に注がれていきますよね。一番上のグラスが自分、次の段が家族やパートナー、その次の段が友人や職場のスタッフ、さらに次の段が社会や地域です。まずは自分を満たすことから始まるのです。

よく「体に気をつけてね」と言いますが、私は「幸せに気をつける」ことが大切だと思っています。私も、当たり前になってしまっている日常の中の幸せに気がつけるように、毎日寝る前に今日あった良いことを3つ、頭の中に思い浮かべる感謝のワークをしています。紙に書くともっといいんですけど（笑）頭の中でも十分。嫌なことがあるとどうしてもそのことが頭の中を占めてしまいますが、意識して良かったことを思い出すと、意外とたくさんあるんですよね。

ハッピーな私は、すでにここにある。そのことに気づいて笑顔になれば、それが家族、友人、社会にも広がります。全ては捉え方次第。「自分もよくなる。相手もよくなる。みんなよくなる」。身近な人を幸せにしていくことから、そんな、全体が幸せになるような循環をつくっていきたいです。

Message

あなたへのメッセージ

「Happiness is a choice」
幸せは自分で選ぶものであり、
選べること。
「幸せになる」のではなく、
幸せで「ある」ことを
選ぶということ。

清水亜希子さんへの
お問合わせはコチラ

株式会社SKY Link 代表取締役
オンライン商店街運営／イベント事業／結婚相談所／保険代理店
関本洋子

15歳で家を出て、20歳で起業！生き方すべてが起業に繋がっていく波瀾万丈ストーリー

Profile

1973年、茨城県出身。幼少期からの波瀾万丈だった人生経験とパラレルワーカーとして得た知識や視野の広さ、通算20年以上になる経営経験を活かして、ヒト・モノ・コトを繋ぐ出逢いの専門家として幅広く活動中。「女性を笑顔に心を豊かに」をコンセプトに、様々な価値観を大切にしながら女性の生き方を応援するイベントやオンライン商店街の運営なども行っている。3歳男児の母。

1日の
スケジュール

Morning

6:30 起床

7:00 子ども起床・朝食など

9:00 保育園送迎

9:15 仕事開始・SNSメール確認、
打合せ、面談、顧客訪問など

17:10 保育園にお迎え

17:30 帰宅・夕食・お風呂

21:30 夫が息子を寝かしつけ、就寝

22:00 事務作業
SNSメール確認
Zoom面談
ひとり時間

26:00 就寝

Afternoon

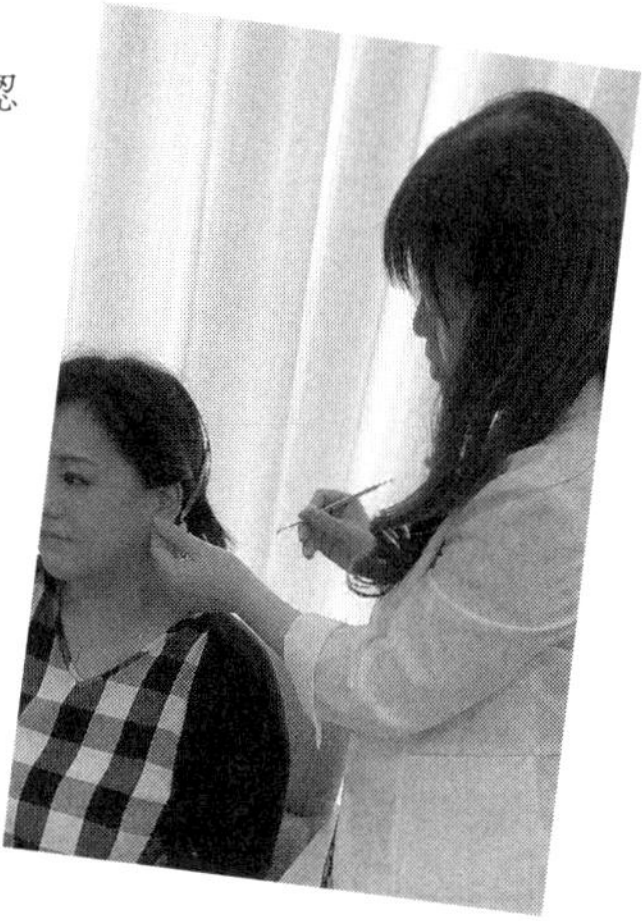

人生は自分の心がけ次第で変えていける

私は今年で50歳。幼少期は複雑な貧困家庭で育ち、15歳で家を出ました。高校時代からのダブルワーク、トリプルワークで経験と人脈を培ってきました。幾多の困難に立ち向かうことで身につけた臨機応変さ、枠にとらわれない柔軟な発想で様々なライフスタイルを選び、やりたいことを叶えてきました。

恵まれない環境に生まれ育っても、高い志を持ち諦めず前を向き進み続けることで、人生を変えていくことができます。自分の人生を変えるのは自分次第。だからといって、決して一人で頑張る必要はなく、支えになってくれる人が必ずどこかにいるはずだということを、人生を振り返りながらお伝えしたいと思います。

物心付いた頃には、父はアルコール依存性で無職。母の僅かな収入も博打や酒代に消え、とても貧乏な家庭でした。電気やガスが止まるのは日常茶飯事。酔って暴れる父が物を投げたり蹴飛ばしたりで、廃材で建てた家は中も外もボロボロでした。母への暴力も酷いものでした。7歳位の時に母を庇い父に立ち向かったことで、父の暴力は私に向かうようになりました。目がお岩さんのように腫れ上がったことが何度もありましたが、母も学校の先生も近所の人も、周りは見て見ぬふり。誰も助けてはくれませんでした。

幼いながらも冷静に大人の振る舞いを見ていて、おかしいと思うことがたくさんありました。『人の振り見て我が振り直せ』は子どもの頃から好きなことわざで「自分はこう在りたい、こうする」「人を助ける人になる」と自分の在りたい姿を思い描いていました。

小学2年生の時、テレビ番組でカンボジアの現実を知り、自分の境遇の捉え方が変わりました。私は日本の中で比べたらとても貧しい暮らしをしていましたが、健康で学校に行けて勉強もできている。けれど、世界にはもっと厳しい環境で生き抜いている人たちがいる。以降、世界中の色んな国に行ってみたいと思うようになりました。貧富の差がない国をつくりたいという夢も抱きました。

過酷な環境でも真っ直ぐに生きてこられたのは、自分がどう在りたいかを考え、大きな志を持っていたからだと思います。

「早く家から出たい、逃げたい」といつも思いながら過ごした小・中学時代。中学3年になり周囲は受験モードでしたが、私はそれどころではありませんでした。父から「義務教育が終わったら親を養う義務がある」「高校に行かず就職しろ」と言われていたからです。私はそれが嫌で、ますます「この家から逃げなければ」と考えるようになりました。

中学3年の1月、転機は急にやってきました。酔った父が私に向かって投げた酒瓶が顔面にあたり出血。血だらけで裸足のまま家を飛び出しました。外は大雪で、真っ白な雪に血がぽたぽた垂れて赤く染まっていきます。顔が痛くて足の冷たさなんて感じず、とにかく逃げて、近所の一人暮らしのおばあさんの家にかくまってもらいました。おばあさんが温かいタオルで顔を拭いてくれて、「可哀想に」と涙を堪える私の代わりに泣いてくれたことは一生忘れられません。その時、家に戻らず生きていくことを決意しました。勇気をくれたのは、人の温かさでした。

その後、ギリギリで高校を受験し入学。生活費を稼ぐためバイトを掛け持ちした結果、高校2年で椎間板ヘルニアになり手術を受けました。退院後は生活費に加え、入院費用の返済が重なり、学業との両立は厳しい、あとで大検を受ければよいと判断し高校3年で中退。ところが、在学中にアルバイトを探すのとは違い、待遇よく働けるところは見つかりませんでした。面接で「中退する人間は信用できない」などと厳しいことを沢山言われました。こちらの事情など誰も聞いてはくれず、先入観で決めつける・・それが現実社会なのだと痛感し、就職は諦め、朝昼夜と様々な職種のアルバイトを掛け持ちで働くことにしました。

懸命に働くうちに、人生をまた一歩前進させる出会いがありました。ある日面接で、「中退なんて正直に書かなくても良いのよ。3年生まで通ったんだから卒業したようなものじゃない」「何か事情があったんだろうから、卒業に書き直して履歴書を持っていらっしゃい」と言ってくれた某化粧品会社の所長さんの元で、働かせていただくことになりました。

彼女は何も事情を聞かず、年齢や立場など関係なく、ひとりの人としての私に丁寧に接してくれました。他の仕事と掛け持ちしながら所属する働き方も、尊重してくれました。

いつか私もあんな風に大きな心で人を包み込めるような懐の深い女性になりたい、そう思わせてくれたとても素敵な人でした。

それからの20代前半は化粧品代理店、ジュエリー販売代理店、中古車販売やオークション代行など、人との出会いに恵まれ色々な事業に挑戦できました。一見するとばらばらなジャンルのように感じる事業ですが、それらをどう活用して人やビジネスを循環させるか、工夫をしながら仕事を創り人脈を広げていく術をこの頃に体験して学べたことが今の仕事にも繋がっています。

辛いことが多かった子ども時代ですが、思い通りにいかなくても決して諦めず、逃げずに自分の人生に真正面から立ち向かうことで道を切り拓くことができたのだと思います。

頑張って前を向いていれば、自ら飛び出していく勇気を持てば、必ず道は拓けます。

思い立ったら即行動で自分の可能性を広げる

23歳の時、たまたま貰った雑誌に2泊3日の北海道お見合いツアー企画の記事を見つけ、行ってみたい！　という単純な動機で友人と応募、北海道へ行きました。初めての北海道は景色が美しく、人は温かく、しがらみもない。人生で初めて解放感を感じました。「ここに住みたい」とすぐに決め、ツアーから戻ると数ヵ月かけて地元での仕事をすべて整理。生まれ育った茨城を離れ、北海道のリゾート地へ移住しました。

そこでの2年間は、全国各地から仕事に来る個性あふれる人たちとの出会いがあり、刺激的で視野がとても広がりました。リゾートバイトを転々と暮らしている人、海外でボランティアをしている人など多様な生き方を目の当たりにし、貧しさから心の奥にしまい込んでいた、外国に行って暮らしてみたいという子供の頃の夢を思い出しました。

当時は500万円弱の借金があり、すぐに海外へ行くことはできませんでした。地元に戻り、またアルバイト掛け持ち生活から頑張ろうとすぐに面接へ。そこで社長さんから「あなたはうちで働くのは勿体ない人だから、もっとしっかりしたところに就職した方がよいですよ」と言われ不採用になりました。それならやってやるわと奮起し、学歴だけで却下されそうな某国立研究所の受付の面接を受けたところ、まさかの採用。25歳で初めて就職することができました。そこはまた別世界で、毎日がとても刺激的で自分もスキルアップしたい、学びたいという意欲を掻き立てられました。着付け、日舞、お花、調理師免許、色彩学などやってみたいことはどんどんチャレンジしました。

受付で働くうちに秘書になりたいと思い、秘書検定の勉強を開始。ちょうど試験に合格したところで、奇遇にも研究室の秘書を探している相談を受けました。「私はいかがでしょうか？」と冗談のつもりで言った言葉がきっかけで、受付から秘書への転職が叶いました。そして、そこで出会った研究者とスピード結婚。いわゆる玉の輿でした。結婚式は自分でプロデュースし、ドレスもオーダーメイド。新婚旅行は海外を周り、大きな一戸建ても購入。子供の頃からずっと憧れていた安定した生活を手に入れ、とても幸せでした。

でも、ゼロが2桁違うような金銭感覚の親戚関係のお付き合いは、自分を背伸びさせることになり、ちょっときついものがありました。そこに義父母の介護も加わり、片道4時間の週末の行き来、嚙み合わない価値観、心が疲弊し離婚を意識しました。

30歳の時には、20代で築いた外国人との交友関係を生かし多国籍ダイニングバーをオープン。友人の帰国をきっかけにペルーに行きたい願望が爆発。すぐに片道航空券を購入し、当時の夫に書置き1枚を残してペルーに行きました。それがきっかけで1つの場所に留まることは向いていないと自覚し、帰国後にお店を閉めました。まだまだやりたいことが沢山あったからです。その後は大手企業での仕事を経験したい気持ちから、派遣会社に登録。期間を決めて集中して働き、長期で休みをとって海外旅行や短期留学に行く生活スタイルで、訪れた国は40カ国以上になりました。

結婚生活は33歳で終止符をうちました。安定を失うのはとても怖かったし、また何もない自分に戻りましたが、ゼロからの再スタートに後悔はありませんでした。「やってみたい。行ってみたい」と思ったら、思い立ったときが吉日です。即行動する。動いた先にはたくさんの出会いが待っていて、価値観や視界が変わり世界が広がります。自分の気持ちに素直に生きることは、時に怖さもありとても勇気が必要です。でも、やってみたい、行ってみたいと感じた心の声を大切にすることが、自分を信じ愛することに繋がっていくのだと思います。そして、自分の心を基準に考えて行動することで、自分軸の生き方を変えることができます。

15歳のあの日、勇気を出して一歩を踏み出したから、すべてが変わりました。人生を好転させることができたのは心に従って行動したからです。自分の直観を信じて、心の声に素直に従ってみる。その一歩ずつの積み重ねがいつしか自分の道になるのだと思います。

ありのままを受け入れ目の前のことを大切に

私は何をやっても慣れると飽きてしまい、同じ仕事を長く続けられないタイプで、どうして自分はこんなに飽きっぽいのだろうとずっと思っていました。1つのことを極めて長く続けている人、専門職の人が羨ましいとずっと思っていましたし、今でも憧れます。でも、最初から何を描くかを決めてその絵を完成させていく人もいれば、自分のように目の前のできることを乗り越えて1ピースずつジグソーパズルを埋めていく人もいる。最終的にどんな絵が完成するかはわからないけれど、どの出来事も完成に向けての大切な1ピース。そもそも絵とは作りが違う、そんな風にある日気づき視点を変えたら、自分の人生丸ごとありのまま受け入れ楽しめるようになりました。

36歳で生命保険の代理店を始めたのですが、きっかけは35歳の時に交通事故に遭ったことです。しっかり保険を備えていたつもりでしたが、通院保障が盲点で、入院をしなかったため保険金がもらえませんでした。モヤっとした思いから勉強し、保険の情報を友人に伝えたことで、「私の保険も見てほしい」と言われるように。そして「仕事にしてくれたら助かるのに」と周りから勧められ、人の役に立てるならやってみようかな?と思い、資格をとって起業しました。

代理店を始めて半年も経たないうちに実母が介護状態になり、起業したばかりで安定しない収入のなか、一時期は介護難民に。事業や介護費用が重なり思い悩んでいた頃に今の旦那様と出会い、翌年に再婚。38歳になり出産のタイムリミットを意識したことで、「親の介護や事業もあるし頼れる身内もいないし子どもを持つのは無理かな」と、今度は子どもの悩みも加わりました。心が重苦しくなっていた時に知人から誘われ、結婚式場で開催されたイベントに行ったことで心が明るく華やぎ、気持ちが軽くなりました。

それからは2ヵ月に1度のそのイベントを旅行に行くような気持ちで楽しみにしながら、仕事や家事を頑張っていましたが、それは数回で終わってしまいました。他のイベントにも行ってみましたが、どれもあの時感じたような気持ちにはなれませんでした。

どこにもないなら、自分が行きたいイベントを作ろう。こんな風にしたいという想いが次から次に湧いてきました。自分と同じように一人で悩みを抱えている人の気持ちを軽くしたい。ほんのひとときでも日常を忘れて、心が晴れるような場所を創りたい。そして自分も楽しみたい。理想のイベントを思い描いたら無我夢中になり、会場探しや出店者さん探しなど、仕事と家事、介護をしながら準備を進め、決意から2ヵ月半後に開催することができました。こうしたいという熱い思いは、強いパワーを生み出します。

結婚や子育てで仕事を失った友人に働く場所を作りたい。仲間づくりもしたい。せっかくお借りするなら、その場所を広めて活性化もしたい。居心地の良い素敵な空間で一日ゆったり日頃の疲れを癒していただきたい。とめどなくあふれる想いで企画した初開催イベントはとても楽しかったのですが、ほろ苦い思いも残りました。こんなんじゃ納得がいかない。もっと大勢の人を笑顔にするイベントができるはず。リベンジだ！　その日の夜に、オフィスマジェンタを立ち上げ、イベントを開催していくことを決めました。

結婚や出産、育児、介護など変化の多い女性の生き方や働き方を、イベントを通してサポートする。女性を笑顔に心を豊かにしていくことで家庭を幸せに、家庭の幸せが社会を良くし、結果として世界平和につながっていく。その想いからあらゆる角度から心と体を癒やし、五感を磨いていくイベントづくりをしています。美容・健康・癒しをテーマに、パーソナルケアに関わる多彩なブース、美味しいフード&ドリンク、生活を彩るアート&クラフト、気分が華やぐ生演奏やダンスなど、趣向を凝らしています。

おかげさまで皆様に愛されるイベントとなり、２０２２年に初開催から10年目を迎えました。事業を通して多くの出会いがあり、今は他団体と連携した活動やボランティア活動なども行っています。

活動を通して色んな個性の人が集まり、ありのままを受け入れあう温かいコミュニティが生まれました。仲間に1番助けられているのは私自身です。30代ではネガティブだった出産や子育てへの考えが、マジェンタで出会った仲間のおかげで徐々に変わりました。妊娠出産を経験しながら楽しく仕事を続けるイメージができ、子供がほしいという本気の覚悟と勇気が45歳を過ぎて持てたのです。出産にあたり頼る身内がいない私たち夫婦にとっては、仲間がいてくれたことが何より心強い安心感でした。本当に感謝しています。

若かりし頃は幾多の修羅場を乗り越え、「自分は一人で生きている」つもりでいました。ですが、出会いを重ね、助けていただく経験が増えていくごとに、人生の節目で出会う周りの人に沢山支えられて生きてきたのだと気づきました。

人は一人では生きていけません。出会ったご縁を大切にして信頼関係を築くことで、そこから新たな繋がりがうまれ生きやすくなります。素直であること、感謝すること、人との縁や出逢いを大切にすることが、未来の可能性を広げ思い通りの人生を生きていく鍵になると思います。

人生のすべてを活かしカタチにしていく

２０２０年に始まった感染症の影響があり、イベントの開催自粛が続きました。コミュニティの仲間も、様々な影響を受けていることを知り心が痛みました。

私にできることは何だろうと日々考える中で、本当は老後に始めたいと思っていた結婚相談所を立ち上げようと思いつき、２０２１年3月に結婚相談所エムマリアージュを立ち上げました。

これまでの豊富な人生経験とイベントで培ったノウハウ、そこで繋がった幅広い分野の仲間と共に、婚活する人を全力でサポートしたいと思い立ち上げた結婚相談所です。オンラインも活用しながら丁寧に寄り添い、人生最良の出逢いを見つけるお手伝いをしています。

また、あらゆる分野でオンライン化が急速に進みとても便利になっていく中で、味気なさや情報迷子になっている人も多いのだとお客様とのやり取りで感じたことから、オンライン商店街を立ち上げました。

これまでの経験と知見をもとに私自身が信頼できる専門店を集めたオンライン「カラフル商店街」です。人の温もりを味わえる商店街をオンライン上に創れたら、皆様のお役に立てるのではないかと思ったのがきっかけでした。カラフル商店街での出会いによって、皆様の日常に彩りがプラスされ、より豊かにもっと楽しくなりますようにと想いを込め企画運営しています。

ですがやっぱりリアルに会えること、体験できること、触れ合えることを大切にしていきたいので、関わる人みんなが幸せになるイベントをしていきたいと思っています。

私の人生は、勇気を出して踏み出した行動と覚悟、人との出会いで救われ、磨かれ輝きました。私自身も誰かの人生を好転させる存在で在りたいと、自分にできることを常に考えてきました。メリット・デメリットではなく、誰かのために一生懸命に思いついたことをしていたら、いつの間にか仕事に繋がり今があります。

幼い頃に夢見た職業や生き方とは程遠い自分がいますが、今とても幸せです。そして、社会をより良くしたいという志は変わっていません。

これからも思いついたことをその都度カタチにしていき、今までよりもっと自由で生きやすい世の中にするためのサポートができるような活動をしていきたいと思います。

Message

あなたへのメッセージ

目の前のこと出会いを大切に
一つ一つ丁寧に向き合い
今を充実させていくことで
未来の可能性もひろがります。

関本洋子さんへの
お問合わせはコチラ

Rela鍼灸接骨院 オーナー／女性専用サロンhanare 代表／託児所Relaの森キッズルーム 代表
接骨院経営／薬膳料理監修商品開発／ブランディング事業

高井ちはる

人と人とのご縁を大切にすることで広がった多事業展開！仕事と家庭の両立を乗り越えて見つけた「幸せの本質」

Profile

ハイブランドのセレクトショップ勤務後、世界的大手ブランドに販売員として勤務。その後 Rela 鍼灸接骨院を開業。更に女性専用サロン、託児所を開設。健康と美容、育児に特化した事業展開。雑誌読者モデル＆ブログを担当し、TV、ラジオ、雑誌などメディアにも多数出演。ミスコン講師としても活躍。薬膳の最高峰の資格を取得し大手企業とコラボ商品開発や監修に入る。現在ではスポーツイベント企画等も手がけ多方面に活躍中。

1日の
スケジュール

Morning

- 6:30 起床
- 8:00 保育園送迎
- 8:30 出社&朝礼
- 9:00 スタッフミーティング
- 10:00 社員研修
- 11:00 商品開発打ち合せ
- 12:00 イベント企画打ち合せ
- 14:00 コンテスタント育成
- 15:00 施術チェックテスト
- 17:00 キャンペーン企画ミーティング
- 19:00 学童・保育園お迎え
- 19:30 帰宅・夕食・お風呂
- 21:30 子どもを寝かしつけ
- 22:00 事務作業
- 24:30 就寝

Afternoon

「大変」な経験は「大きく変われる」チャンス

「人間は一生のうち逢うべき人には必ず逢える。しかも、一瞬早すぎず、一瞬遅すぎない時に。」この言葉は、生きていく中で私が常に感じていることです。

人と人との出会いを大切にし、感謝することで、新たな道が開けると信じています。

《身近な人から学ぶ人間力》

幼少期の私は天真爛漫な母の元、とても自由な家庭で育ち「勉強しなさい」と言われたことはありませんでした。その反動か、自ら勉強に興味を持ち学ぶ楽しさを知っていったのです。受験シーズン中に母から遊びに誘われたときには「今テスト期間中なの！」と逆に叱ったりしていました。高校生の時には地元の進学校に通い、バイトが禁止にも関わらずカフェで働き、初日から学年主任に見つかり親が呼び出されました。その時、母が先生に言った一言が「社会勉強になって良いじゃないですか」でした。型破りな母でありながら、人に対して愛情深い面もありました。母は私の友人を我が子のように大切にしていたのでいつも自宅には友人が集まり、私がいなくてもご飯を食べて寝ていることもよくありました。日頃から母は、純粋に出会ったどんな相手にも「〇〇さんってすごいね」と誉め讃えて、愚痴や悪口などなく明るくいつも大笑いしています。

さらに、父は私にとって何でもできるスーパーマン。大工仕事から料理、家庭菜園、何か頼めばすぐやってくれます。私の部屋の片隅には父の生花コーナーが作られていて、今でも当院のクリスマスツリーや門松もかなりこったものを作ってくれています。

自由ながらも、両親からは愛情深く育ててもらったのです。社会に出たときに「親のようにポジティブな人間はあまりいないのだ」と気付き、有り難い反面、常識知らずの私はもっときちんと躾をしてもらいたかったと思うこともありました。

私が結婚した頃、母はホームヘルパーの資格を取り、ご年配の方々の訪問介護ケアの仕事を始めました。老人が老人のお世話をするなんて体力的にも精神的にも心配になり、しばらくたった頃、母に「大変じゃない？大丈夫？」と聞いたところ「こんなに良い仕事をさせてもらい、初任給で社長にプレゼントを買わせてもらったよ！」と言ったのです。母を尊敬しました。心から、この両親に育ててもらって良かったと思ったのです。親が世の中の役に立ち生き生きとしている姿は、子供の自己肯定感を上げるのだと気付き、自分も母のように世の役に立ちその姿を我が子に見せて生きたいと感じるようになりました。

呆れるほど純粋で真っ直ぐな両親に育てられて、人間力の基本を学んだ気がしています。

学生時代にファッションに興味を持ち、社会に出て憧れの高級セレクトショップに勤めました。そこで、販売員という職にやり甲斐を感じ、自分にとっての天職と感じたのです。さらに一生働けるショップ店員はどこかと考え、世界的大手ブランドに転職。ここが私の人生の転機でした。

初日に上司に言われた一言が「ここでは仕事ができない人間は人間とは見なしません。」でした。今の時代ではパワハラ問題になってしまうような発言も、当時の私からしたら心を奮い立たせられる言葉でした。そして、仕事スキルの高い先輩方を見て「エリートとはこういうことか」と驚愕する日々でした。それまで「できない」「やれない」と言う人の気持ちが分からなかった自分が、ここで「自分もできない」と感じる経験が、後々の成長に繋がっています。社内ルールがしっかり決められた環境下で幼少期から自由に育った私は、どんなに馴染もうとしても馴染みきれてなかったと思います。

ある日、私は「職場のメンバーそれぞれの個性の良いところを認め合いたい」と、若手の分際で提案しました。想像もしていなかった「褒めたくも、褒められたくもない」と言う反発の声に驚いたのです。それでも、全員が気持ち良くできるよう話し合い、別の方法を提案しました。そして、それぞれ皆に褒め言葉を書いたメッセージカードを送り合う企画を実行しました。今思えば、なぜそんなことをするのか?と理解されていない中でも「皆がより良い環境にしたい」との想いだけで行動していた怖いもの知らずだったと思います。

その後、責任ある担当となり、売上目標が億単位で売上計画書を作る課題を課せられました。その担当のリーダーを任され、皆を引っ張っていかなければいけない責任感に反して、自分はまだ20代でありながら上は50代のスタッフもいて年齢も経験も豊富な方ばかり。リーダーとして引っ張っていくには難しいと考えました。そこで、私が思いついたことが、皆に相談しながら巻き込んでいく方法でした。その結果、売上を上げて目標を達成したのです。それまで、あまり人に相談するタイプではなかったのですが、自分の意見を言いながら相手の意見も尊重して物事を決めていく方法は、自分に合っていると実感しました。現在、経営していく中でスタッフと物事を決めるときにも、この気付きは活かされています。

親からの愛情を根底に自己肯定感が高かったこと、そして20代という若い時に自ら進んで厳しいと思う道をあえて選んでいたこと。この経験は後で財産だと思えるほど自分の成長の基礎となりました。20代の頃なぜ苦しい経験を好んだのか。それは「自分には大した能力なんてない。だから努力するしかない」と思っていたからです。大変という字は大きく変わると書きます。大変だと思えるような苦しい辛い経験をいくつもすることで成長してこれたと思ってます。

幸せの本質とは

当時付き合っていた彼（現在の主人）が柔整士の資格を取得し、いずれ接骨院を開業したいと話していました。私の中でパートナーと共に開業し、成功できるイメージができていて確固たる自信がありました。その後、名古屋市の一等地と言われる覚王山に《Rela鍼灸接骨院》を開業。入念な準備の甲斐もあり、すぐに売上は軌道に乗っていったのです。

しかし、その頃、夫婦で共に経営する難しさを感じ始めました。なぜなら、主人と私は性格が正反対なのです。主人は何事も慎重派。私は何事もまずやってみる精神が根底にありました。そんな二人が共通の議題で話し合っても、お互いに理解することが難しく、衝突が増えた時期がありました。次第に、私自身が「本当の幸せとは何だろう」と考え、仕事ではなく家庭が第一である。経営に重きを置き、夫婦間の溝を深めてしまうのであればもう成長を止めよう、と考えるようになっていきました。それまで培った能力も衰えるだろうし、行動すれば成果を出せるのに…という考えを自分の中から消すことに決めた時期があったのです。

その後、第一子を妊娠。自分の出産期間に働いてくれるスタッフを雇用することが必然となりました。そうなると、想いを込めて開業した院を存続するために、自分の考えを改めてスタッフと主人に伝えていかなければならなかったのです。より良いサービスを提供して、当院に来て下さる患者様を裏切りたくない想いがありました。自分ができることは最大限やり、主人の同意を得るために粘り強く説明し、無理と言われたことを何度もトライし続け、結果を出すことで理解してもらえるように努めました。このとき、根底にある家庭が大切な想いは変わらず、どんなに遠回りして、主人の考えも尊重して進めていくことを心掛けました。

話は戻り、Rela鍼灸接骨院を開業前、準備をしながら何店舗かアパレルの期間限定の派遣アルバイトをしていました。前職の世界的大手ブランドの厳しさとは裏腹に、どの店舗のスタッフも働く意欲が低く見えました。当時の私は驚きを超えてカルチャーショックを感じ、仕事に向き合う姿勢は職場によってこうも違うのかと痛感しました。働く時間を人生を無駄にしているように感じ、その環境にだんだんと慣れていく自分に恐怖すら感じたのです。だからこそ自分が経営するときは、スタッフの能力を上げていく環境を作りたいと強く感じました。そうすることで、スタッフ自身の成長と生き生きと働き充実した人生を送ることができ、またより良いサービスを生み出すことができると思いました。

経営は、日々課題やトラブルがありました。そこから、困難に直面しても逃げないこと。

努力は当たり前、更に工夫すること。どんな仕事でもより良くなるように諦めないことを意識していました。さらに、一流であること、本質を見抜くこと、徹底してこだわることを大切にしています。

当院に入社した治療師やセラピストは、皆が口を揃えて「技術や接客に関してここまで教えてもらったことはない」と言われます。経営的に考えると、マニュアル化し短期間で接客に入ったほうが良いことは充分理解しています。ですが、それは施術する人のためにも、お客様のためにもならないと考えています。徹底した教育を行い、技術も問診力もおもてなしも一流であることを意識しています。

しかし、私自身が日々学び修行をしても、積めば積むほどに、自分の未熟さを痛感するのです。スタッフがいるからこそ、私は幸せに仕事をさせてもらっていると感じ、いつも感謝の気持ちを持っています。スタッフと真っ直ぐ向き合って腹を割り向上し合い、より幸せに生きていける仲間であると感じています。

スタッフ育成も含めミスコンのコンテスト講師として、人間力向上レッスンのお仕事もいただくようになる中、相手のことをどれだけ思いやりを持って接することができるか、そこに信念があるかが大切だと思っています。

No Rain, No Rainbow

仕事と家庭の両立の本当の戦いは、出産後からでした。1人目の子供は、いわゆる「手がかかる子」でした。夜泣きは当たり前、日中も何をしても常に泣いていて、毎日睡眠時間は削られ、仕事をする時間が足りなくなる焦りを感じました。

第二子を妊娠したと分かった時、経営しながらの育児の大変さから「どうか2人目の子は手がかかりませんように」と神様に祈る気持ちでした。しかし、産まれてきた娘は、違う意味で大変なことが1ヶ月検診で分かりました。心臓の病気があること、消えない顔のアザがあること。病院の帰り道、大病院への2通の紹介状がとても重く感じました。祈りも虚しく、生後4ヵ月で命にリスクのある心臓の大きな手術をすることになったのです。自分も病院にずっと入院することになりました。病棟内で病気と懸命に闘う親子、亡くなる子供達の命を目の当たりにして、自分がこの経験から何を学ぶのかを考えました。多くの方々に支えてもらった恩返しのためにも、世の中のママや子供達のために、自分ができることは何かを考えました。その後、女性専用サロン《hanare》と託児所《Relaの森キッズルーム》を開業しました。

私にとって、辛い経験は、「誰かの為に何かをしよう」と言う想いの原動力となります。

余談ですが、この経験を通じて神様はいるのだと思う経験が何度かありました。友人から、私の娘は「虹の子」と言われていました。それは様々なシーンで虹に縁があったからです。友人達が娘の手術応援のために、千羽鶴を虹色に折ってくたり、それを受け取った帰り道の空には綺麗な虹を見たのです。そして「手術が成功しました。」とお医者様から報告があった瞬間、新聞やテレビにも取り上げられるほどの大きな虹が空に出たこと。

まさにNo Rain, No Rainbow。悲しく辛い想いをしても必ず雨は上がり、その先には光が差し込み、心に虹を感じられると信じています。

そして、支えられるだけでなく、自身も他者を応援することで成長すると考えています。

また、日頃から「不運な時こそ、他者に尽くす」ことを意識しています。自分に辛いことがあったときほど、誰かに何かしてあげられることはないかと考えるのです。

例えば、コロナ禍で自身の経営も大変でしたが、飲食店経営で困っている友人に、少しでも何かできないかと思い《Go To KAUOZAN》という地域活性化となるイベントを企画し主催運営しました。

とある時は、9才の少年画家を応援したいと思いました。少年の夢である「大勢の人と大作をつくる」目標を「夢を叶える」というテーマでイベントを企画。

そのイベント内に《夢を叶えた人》をテーマにトークショーがありました。それをきっかけに出会ったラグビー元日本代表の方がいらっしゃいました。その方の人柄が素晴らしく、やはり日本代表になる方は立派なのだと感銘を受けました。このような方々を応援したい、アスリートと現代の運動不足の子供達をつなげる場をつくりたいと思い《神スポアカデミー》というイベントを企画運営しました。

２０２３年名古屋市パロマ瑞穂アリーナを貸し切り、オリンピック選手など各スポーツ界の神のような存在のアスリートにお越しいただき、２００人の子供達が多種目のスポーツ指導を受け体験するイベントでした。飲食ブースや大型トランポリンなどの遊び場なども27店舗出店し、会場は１０００人以上の来場者の笑顔と熱気で溢れました。

開催後、「この日の体験を通じ子供がスポーツに興味を持ちスポーツクラブに入会を決めました」など、多くの喜びのお声をいただきました。また、出店者の方々のつながりもでき、今後に発展する活動ができたと実感したのです。

開催までには多くの苦労を重ね、困難を乗り越え、悩み、苦しみ、数ヶ月の間、朝から晩までこの事業にかかりっきりになりました。しかし、辛い状況の中でも常にたくさんの方々に応援していただき支えられ、開催することができました。

自分一人では無力で、周りの方々のおかげで、今の自分があることに改めて感謝しました。

喜ばれる人になりなさい

人とのご縁で人生は大きく変わることがあります。

私は人脈こそが財産だと思っています。相手の立場や見た目、年齢や収入などは関係ありません。自分とは違う考えや、自分にはない相手の魅力に刺激をもらっているのです。自身の心を清く正しくいることで、同じ意識を持つ人たちが集まってくると思っています。

人から、よく「どうやってそんな人脈ができるのか」と聞かれることがあります。私は「相手の役に立てることを、誰に対しても考えることかな」と答えます。仮に、目上の方であっても、媚びるのではなく、その方の役に立てることを考えるのです。

「人と人とのご縁を大切にする」とよく言いますが、本当にできている方と言うのは意外に少ないものです。だからこそ私は自分の子供たちには「喜ばれる人になりなさい」と常に伝えています。

多くの人がいる中で出会い、親しくなることは奇跡に等しいと考えます。その一瞬一瞬を大切に受け止め、誠意を持って相手と接することで、自分の世界は広がります。もちろん、人はそれぞれ合う合わないもある中で、無理に広げる必要はありません。本当に自分が大切にしたい相手を見つけ、相手の魅力を引き出すことで人生をより豊かにします。

そして、感謝すること。受けたご恩を、それ以上にしてお返しすること。

出会った人を一人ひとり大切にすることと、一つ一つの仕事を一生懸命取り組むことは同じだと思っています。

ただひたむきに一生懸命できる最大限の力をしぼり、どんな壁があっても逃げずにめげずに乗り越えることで、自分が思ってもみなかったような世界が見れることがあります。それは、一つ一つの仕事に真摯に向き合い、一人一人の方を大切にしてきた積み重ねだと思っています。

最近では、大手飲食店様からもコラボ開発や監修のお仕事をいただくようになりました。お話をいただいた当初は、飲食関係は思ってもみなかった業種でした。そのようなお仕事をする以上は、資格を持ち責任を持って果たしたいと考えました。そこで、薬膳の資格を取得。資格の中でも、最も難易度の高いとされる最高位の国際中医薬膳師の資格を目指しました。通常は取得までに、およそ3年かかると言われた資格でしたが、経営と育児の合間に勉強をして1年で合格。

現在は《CHI_HARU》という美容薬膳ブランドを立ち上げ、オリジナル商品を開発し、各所でお取り扱いいただいております。お取り扱いいただいた店舗様では、私自身が登壇し、薬膳講座を行わせていただいています。

子供がいて経営もしていて、大変な状況でも、無理だと思わずに「自分ならできる」と薬膳の資格を取得することを決めたからだと思っています。

なぜ挑戦できるのか。それは自己肯定感とも関わると考えます。私が思う自己肯定感は、自分のことを美しいと思っていることや、頭が良いから、経済力があるから、などの条件ではなく、自分が自分のことを信じられる力だと思っています。

自分が自分のことを大切にして認めること。そして何事にも何とかなるという楽天的な気持ちでとにかく難しく考えずシンプルに考えて動くこと。

国際中医薬膳師の資格取得の為に学んだ中で、特に東洋医学の思想である『未病治』や『天人合一』『陰陽』の思想を、より多くの人に広めていきたいと思いました。

東洋医学では、気が物質として考えられています。真実の健康、身体の中からの美しさ、本当の幸せとは何かを改めて深く考え気づくきっかけとなるよう、広めていきたいと考えています。

私は、いつも出会えた人の役に立てることで喜びを感じています。そして、人との出会いは〝宝〟であり、〝財産〟であり、〝奇跡〟であると考えています。

読んでくださったあなたにも、出会えることができたら嬉しく思います。

Message

あなたへのメッセージ

何事も自分が成長するチャンスと捉え、
挑戦していくことで、
より広い視野を持つことが出来る！

高井ちはるさんへの
お問合わせはコチラ

株式会社Willinkコンサルティング 代表取締役
保険代理業/企業型DC導入サポート/金融教育学会認定インストラクター

原ゆうこ

37歳で患った
白血病を
乗り越え起業！
大病を経験して見つけた
「わたし」の役割

Profile

1971年、東京都台東区出身。愛猫家。両親共に台東区出身の生粋のお祭り大好き下町っ子。白血病を機に独立したが、闘病と仕事の両立は難しく住民税非課税世帯に。困窮した経験から現在は、保障の大切さと、子どもにもできるカンタンな資産形成の方法を伝えるため、特定の金融機関に属さない独立系ファイナンシャルアドバイザーとして、オーナー社長への企業型DC導入サポートや金融教育学会認定インストラクター、特に「治療と仕事を両立をしている女性のための資産形成プランナー」として活動中。

1日の
スケジュール

Morning

5:00　起床
床を掃除
猫たちの祭壇にお水
お茶の準備

5:30　お茶を飲みながら
メールのチェックと
新聞チェック

6:30　一日のスケジュールを練る

7:00　トイレ掃除とシャワー&お風呂掃除

8:00　事務作業

11:00　アポがあれば
出発、研修に出席等

17:00～20:00くらい　帰宅　自炊もしくは
外食へ

22:30　入浴後、一日の
振り返りをした後
就寝

Afternoon

大波乱の30代…

わたしの30代は大波乱！　波乱の第1弾は、せっかく結婚できたのにスピード離婚！新居の上階から落ちてきた人をリビングから目撃したショックから引きこもりになり離婚。その後すぐに、21年間ずっと一緒に暮らした愛猫が虹の橋を渡ってしまいます。もうなくすものは何もない、絶望と悲しみのどん底で立ち直れる気がしませんでした。31歳でした。

そんなわたしを見かねた友人が「うちの仕事を手伝ってくれない？」と重荷にならない簡単な作業をふってくれました。友人の優しさに触れ外出できるようになり、人生をやり直さなければいけないと家を出ることにしました。

仕事は派遣から始めました。金融機関のコールセンターでお客さま対応をしているうちに、接客が得意だったことを思い出しました。ひょんなことから派遣先が変わり、今度は金融機関の受付になりました。この受付業務が、ここに派遣されたことが、わたしのその後の人生を大きく変えることになるのです。

そのお店は1階に受付とＡＴＭがあり、内階段で2階に上がると接客ブースがあるおしゃれでステキなお店でした。笑顔でいることが仕事でしたし、そこで働いている方々はみな優しく親切で、何かと褒めてくれました。その時のキズだらけのわたしには非常に救われる環境で、どんどん回復していったと思います。

当時支店長をされていた方から、「なぜ受付にフリーダイヤルを掲げて電話を置いておくのではなく、君がいるのか考えてみて？」と、そのお店が何をしていて、わたしの役割は何かを考える機会をいただきました。

2階で働く皆さんとの打ち合わせに参加をさせてもらい、そこで初めて2階で金融商品を扱っていることを知りました。資産運用になんて興味を持ったことはなく、預金以外に金融商品があることなんて知らずに30代を迎えていたのです。翌日から積極的にお客様にお声をかけ、2階へ上がっていただくにはどうしたら良いのかあれこれ試しました。「お客様の質問にすぐに答えられるようになるには？ お待たせする場合は？ 気持ちよく過ごしていただくには？」等、おもてなしについてもたくさん学べました。1階ロビーでは度々セミナーが行われていて、その場にいるわたしも一緒に聴くことができ、資産運用や金融商品に興味を持つようにもなりました。そのタイミングで支店長から「受付業務ではなく一緒に仕事をしませんか。派遣のままで良いの？この先のキャリアを考えなさい」とのお言葉をいただき、ここは居心地が良いけれどわたしはただの派遣の受付、金融の免許をひとつも持っていない、受付をいつまでやらせてもらえるかわからない、と目が覚めたような、これからの人生を初めて気にするようになりました。

　経験を積むために他の金融機関に勤務することも勧めてくれたので、まずは他行の契約社員になり、金融商品や仕組みを学びながら資格試験を受け、短期間で3つの資格を取得しました。今度はこの資格をもとに就職活動をし、とうとう正社員になりました。会社は違うけれどお世話になったみなさまと同じ仕事ができるようになったうえ、正社員になれたことで再婚できたような安心感を覚え、ここでがんばってキャリアアップしていこうと心が弾みました。辛いことがたくさんあっても出会いや人に恵まれてラッキーで、別れがつらいからもう2度と暮らさないと思っていたのに、34歳の時、道端で小さな息絶えそうな雄の黒猫と出会い連れて帰り家族になりました。愛おしくて可愛くてお世話をする喜びや正規雇用の仕事もあって、わたしって幸せだなぁとしみじみ思っていました。しかし、せっかく採用してもらったのに、就職から1年、志半ばで大病をします。37歳でした。

波乱第二弾！　まさかわたしが白血病に…

わたしはお祭りが大好きで、直前のゴールデンウイークは1年で最も楽しい時期なのにその年は熱が出ました。解熱剤を飲もうが汗をかこうが全く下がらず倦怠感が増すばかりの具合の悪さで、ただの風邪ではなさそうだなと思うものでした。熱ごときで会社を休むわけにはいかないなと思い、休み明けは出勤をしたのですが、ものすごい倦怠感で耳も遠くなり、帰りはもう歩けずタクシーで帰りました。猫にごはんを食べさせたところで動けなくなってそのまま床で寝そべり朝を迎えました。もう頭を上げることもできなくなっていたので手元の携帯で会社に電話して、病院に行ってから出勤させてほしいと伝え、猫には「すぐ帰ってくるからね」と、財布と携帯だけ持って玄関まで這いました。でも、鍵まで手が届かないのです。どうにか部屋を出て、エレベーターを呼ぶボタンを押すのも大変だったけれど、なんとか地上に着き、住まいは商業地にあったため通勤中の人がいる中をハイハイして進み、大通りに出たところで通りがかった人にタクシーを停めてもらいました。病院の車寄せでタクシーから転がり落ちてすぐに車いすが来てくれました。どの科にかかったら良いのかわからない、熱がつらい、背中が痛いと告げたところで意識が薄れ気づいたら外来処置室のベッドにいました。先生から腎盂腎炎かもしれないと言われ、きっとそれだ、とにかく熱を下げてほしい、会社に行きたいと訴え、でもあまりの具合の悪さに内心は何かまずいことが起きているのではと不安でずっと泣いていました。

しばらく経ったところで採血結果が分かった様で、周りがバタバタし始め恐怖の絶頂でした。先生は「血液の重篤な疾患が疑われます。このまま入院です。ご家族とお勤め先には僕が電話をするから連絡先を教えてください」と言います。「いやいや腎盂腎炎って言ったじゃん、重篤ってなに?違う先生に代わってください」等と悪態をついたけれど通じず病室に運ばれそうになったので「一度帰ります、猫にすぐに帰ると言ってあるから帰らないといけない、家族がいないから入院準備もしてくる、絶対に戻ってくる、約束する!」と、もう歩けないのに何とか帰ろうとしました。「りんちゃんお母さん入院するけどね、でもすぐ帰ってくるから待っていてね、と伝えないと!誰かに預けに行かなくちゃ!」と必死になりました。このまま入院したらもう2度と帰れないような気がしていたからです。

わぁわぁ泣いて帰宅を懇願したところで独りで歩けませんから、そのままあっという間にガラガラと病室に運ばれてしまいました。抵抗むなしくすぐに骨髄穿刺という、腰のえくぼのところにボールペンくらいの針を刺し骨髄を抜く、こんなに不快に痛いことある?　って叫ぶくらい信じられない痛い検査をされ、結果が出るまでの間は何かとてもまずいことがわたしに起きている…確信してしまった恐怖で泣き止むことができませんでした。

そして、10時半には「急性骨髄性白血病です。最短でも半年の入院治療です」と告知されました。実は、小さい頃から家族の縁が薄いというかうまくいっておらず、第一弾で書きませんでしたが、あの頃にちょうど家族とも絶縁状態になっていました。猫がいたから心を保ててはいたけれど孤独感がつのり、離婚からの6年間に疲れを感じていました。病名を告げられたときはもちろん驚いたけれど、想像以上の病名に少しホッともしました。それは思い返してみたら2月ごろから、通勤の駅の階段で息が切れてしんどかったり、治療済の歯が化膿したりと体調に変化があって、でもそれは仕事イヤイヤ病だわ、せっかく就職できたのになんてわたしはだらしないんだって思っていたからです。

白血病の治療は無菌状態にして行うとのことで、個室に大きな空気清浄機のようなものが運び込まれました。聞けばかなり辛い治療になるとのこと。しかも、今すぐ始めないと間に合わないとのこと。個室に半年もいたら一体いくらかかるの？ 帰れる部屋をキープするのに家賃はどうする？ そんなに休んだら会社はクビになるのでは？ 貯金いくらあったかな？ 入院保険に入っていたけどいくらもらえるんだっけ？ と頭の中はお金の心配でいっぱいで、誰にも迷惑をかけたくないので治療をしないことを選びたいと告げました。

でも先生は、まだ若いから諦めないで頑張ろうと言うんです。そこに会社から連絡があり、充実した福利厚生のおかげで安心して入院していられることを知りました。一時金が受け取れるガン保険に父から加入していたこともわかりました。

そして、猫はわたしとは不仲でも動物が好きな両親が預かってくれることになり、お金の心配がなくまた猫に会えるならと治療を受けることに決めました。伸ばしていた髪がごっそり抜けるところを見たくなかったので、すぐに床屋さんを呼んでつるつるにしてもらい、抗がん剤治療が始まりました。わたしには大好きな友人がいて、最近の発熱で心配をかけていたので診断確定を連絡しました。彼女は動じることなく、離島に嫁いでいるのにすぐに下着や靴下、可愛いカエルのポーチ（カエル↓帰る：験担ぎ）誰か来た時に出せるようにと小さいペットボトルのお茶、頭に巻く可愛いてぬぐい、病気の情報誌などたくさん抱えて来てくれて、その後もしょっちゅう飛行機に乗ってお見舞いに来てくれ支えるからねと言ってくれました。面会できない無菌状態の時は電話でおしゃべりし、少し血球が上がれば一緒にごはんを食べて、わたしに食欲があれば喜び、くだらない話で転げて笑って、またすぐ来るからねと笑顔でバイバイしたけれど、そのたびにこれが最後かもしれないと思ったし、病室の窓から彼女が泣きながら帰って行くのが見えてわたしも泣きました。

彼女と猫にはまた会いたいと思いながらも治療はとてもつらくて、周りには頑張りますと言いながら早く楽になりたいとばかり思っていたし、それでも治療を続けたのは、いま治療をやめたらもっとしんどいと主治医に言われたからなだけで、今より楽になれるならそれが死でも生でもどちらでもよかったのに、わたしの病気から2年後に母に手遅れのガンが見つかって治療せずに緩和ケアに入った時には、病人の気持ちがわかるはずなのに、終末期だとわかっているのにそれでも何とかならないかと必死になりました。大して仲良し親子でなくても見舞いの帰り道はさみしくて心細く、なんとも悲しくて、その時に初めて帰り道に泣いていた彼女の気持ちを知りました。後から聞くと「最後と思わないようにと帰りながら思っていたけど怖い気持ちがいっぱいで涙が出た」と言っていました。

わたしは、治療がつらい、苦しい、悲しいからと、自分の気持ちばかりで泣いていました。死んでしまうかもしれない友人の見舞いに遠くから来て、ずっと笑顔でいた彼女の気持ちを慮ることができず、心から申し訳なく思いました。わたしの前ではいつも底抜けに明るく、生還を信じて待っていてくれた彼女に心から感謝をしています。これからも大切に想い、健康で仲良しでいたいと思います。

自身の闘病と母の看病の経験から、病気をしているのはもちろんしんどいのですが、覚悟をしながら看病をする周りの気持ちの方がつらいと思いました。わたしのお客さまにも、ご自身やご家族がご病気の方がたくさんいらっしゃいます。お気持ちに寄り添い、わたしにできることをしたいと思います。

まさかわたしが社長に！

結局会社を丸1年休職し、時短から復帰させてもらいましたが。でも免疫が落ちているので頻繁に高熱を出して休み、頭も良く回らず仕事ができずに散々迷惑をかけました。マスクに帽子姿でいることで周りに気を遣わせてしまっている申し訳なさ等で、どんどん気持ちが沈んでいきます。見た目も戻らない、体力も戻らない、気持ちも上がらない、頭が回らなくて仕事ができない、でも生きていかなくてはいけないから仕事は辞められない、年齢が高い病気持ちが転職なんてきっと無理、どうすればと悩みながらもどうすることもできないでいました。ドクターからは退職をして生活保護をと勧められましたが、わたしのような者に税金を使うなんていう選択はできず、なぜこんなわたしが生き延びてしまったのかと、自分を恨み追い込まれて生きる気力を保つのが難しくなったところに母が他界しました。父は外資の保険代理店を営んでいて、母の他界が父と話す機会となりました。父は悲しみに暮れてやる気をなくしており、わたしもお勤めが辛いと話したことから後継者として雇うと言ってくれたので、退職し少し休ませてもらってから保険の世界へ入りました。

初めは偏見があり保険の仕事をするのは嫌でしたが、研修が充実していて学んでいく内に保険も金融商品で奥が深くおもしろいと思えました。体調に合わせて自分のペースで仕事ができるところもありがたくて、この仕事に就いてよかったなと思い始めていました。

しかし、元々不仲な親子が一緒に仕事をするのは難しく、やっぱり関係は破綻して、わたしはまだ少数の自分のお客さまを連れて独立。女性は信用のため法人格にしたほうがよいと聞き、仕方なくですが代表取締役になりました。こうなったらやるしかありません。

保険営業をしている事をなかなか周りに言えないでいたけれど、商品は大好きになっていたし、わたし自身が保険に助けられました。前職の経験や病気の経験を活かしありがとうと言ってもらえる仕事を誇りに思い、周りにどんどん仕事内容を話せるようになると、不思議とお客さまが増えていきました。一方で、保険は好きになったけれど投資信託を扱いたくて資格を取ったのに、病気をして中途半端になっていたことがずっと心に引っかかっていました。ところが3年前、縁あってＩＦＡとして活動できることになったのです。資格が活かせると、とてもうれしかったです。さらにその後なんと、投資信託で運用をする保険商品が登場しました。わたしにとって病気は、女性としても人としても激しく自信を失わせるものでした。それなのに人生の汚点だったはずの病気の経験と、行員時代に得た知識と資格、保険の知識が今、全部がつながったような気がしています。投資信託と保険の両方をお客さまに提案できる喜びを感じています。

保険はいざというときに支払われなければ加入した意味がありません。診断書には給付への情報が万全でないことが多々あるのでよく確認し情報不足の場合は取り直し、お客さまと請求書を一緒に記載をする業務を大切にしています。IFAとして投資信託を扱えるようになり、尊敬する金融教育の先生方と出会え、先生方から教わった大好きなつみたて投資の話の評判が良く某保険会社の雑誌掲載、インタビュー動画掲載、社員向けセミナー、企業さま向けマネーセミナー等、こんなことになるなんて10年前のわたしには全く想像できないことです。幼い頃は人前で話すことは得意だったのに病気をしてからは、こんなわたしが申し訳ないという気持ちが強く震えて声が出なくなるため、人前に立てなくなりました。ご家族に愛され必死に闘病しても命を落とす方がいるのに、わたしの様な者が生き延びてしまった罪悪感が強くてどなたかのために役に立つことをしないと生きていってはいけないと思っていました。セミナーができるようになった初めのきっかけは、病気の体験談を話したことでした。これはわたしにしか話せないことだったし、何も飾る必要がなかったからだと思います。闘病記なんて需要があるのかなと思ったけれど意外と評判が良く、これがどなたかの役に立てるならいくらでも話そうと思いました。

愛を持ってどなたかの役に立てることをしたい、その気持ちはぶれないで来れたと思います。そしてこれからも感謝を忘れることなく、ぶれずにいたいと思います。

女性は強い、女性こそ起業を！

女性が活躍できる場が増えたとはいえ、日本はやはり男性優位の社会。これから人口が減り株価も上がりにくく、会社の体制も古く若い起業家が育ちにくい国ですよね。そして有能な女性は、会社勤めでは能力を発揮できる機会が少ない。メンタルや生命力は女性のほうが強そうだし、女性だからこそできることはいっぱいあると思います。きっと病気を抱えてお仕事されている方もたくさんいるでしょう。ご病気があるとライフプランが立てづらくて将来が見えず、この先どれくらいお金が必要かわからないからと今を楽しめないでいませんか？ 貯蓄を将来のためにとっておかないと、と自分の楽しみを後回しにしているのでは？ わたしはそうでした。がまんがまんで辛かったです。でも、人生は一度しかなくあっという間。いくらでもやり直しができるけれどあっという間。少しのきっかけでわたしのような者でも、独りでも、こんな風に生きていけていることを見ていただきたいです。

そして、広める活動をしている『子どもにもできるかんたんで素晴らしいつみたて投資の話』を多くの女性に聴いていただいて、少し先の将来に、投機ではなく投資をして、安心をして今を楽しめるようになっていただきたいと思っています。あの時のわたしにそんなことを教えてくれるアドバイザーがいてくれたら、どれほど気が楽になったでしょうか。つみたて投資や資産形成の話をもっと早く知りたかった、知っていたら人生違っていたと思うので、これからはわたし自身が「あの時にわたしが会いたかったアドバイザー」として活動していきたいと思っています。

わたしの起業はたまたまでしたけれど、お客さまのためにという気持ちを変わらず持ち続けていたら不思議と結果が出ました。今まではプレイヤーとしてきましたが、雇用をして会社を大きくし後継し、お客さまを守っていきながら、やる気のある女性、特にご病気のある方への情報発信、応援をしていきます。病気があるからとキャリアアップを諦めている方は信頼できる仲間の女性の専門家につなぎます。お元気な方ももちろんお手伝いします。女性ならではのやりがいのある仕事ってあると思うのです。一歩踏み出しましょう！

女性は起業したほうが活躍できると思います。そして起業した女性のパワーが集まったら日本を動かすほどのすごい力になるのではと思いワクワクします。

パワーのある女性たちが今を楽しみながらいきいきと働いて、資産を形成し、経済を回し、平和な日本を守り、いつの日か振り返ったときに、豊かでハッピーな人生だったと思えるような、わたしがその中の小さなひとつのきっかけになんてなれたら最幸です。

Message

あなたへのメッセージ

あなたが好きなことは何ですか？
人生は一度しかなくあっという間。
好きなことを学んで行くと
きっとチャンスが訪れるはず。
やってみて！

原ゆうこさんへの
お問合わせはコチラ

有限会社ふくふく動物病院 代表
動物病院経営
平松育子

融資を断られても諦めなかったことで実現した動物病院の開業！18年経ったからこそ伝えられる挑戦する大切さ

Profile

1967年、京都市出身。獣医師になりたいという思いが強く4浪の末、山口大学農学部獣医学科に合格。山口県内の複数の動物病院を経て、2006年39歳で、ふくふく動物病院を開業。現在、皮膚疾患を中心とした診療を行う。ペットに関するウェブライター、動物看護系専門学校の講師も務める。座右の銘は「為せば成る　為さねばならぬ何事も　成らぬは人の為さぬなりけり（上杉鷹山）」

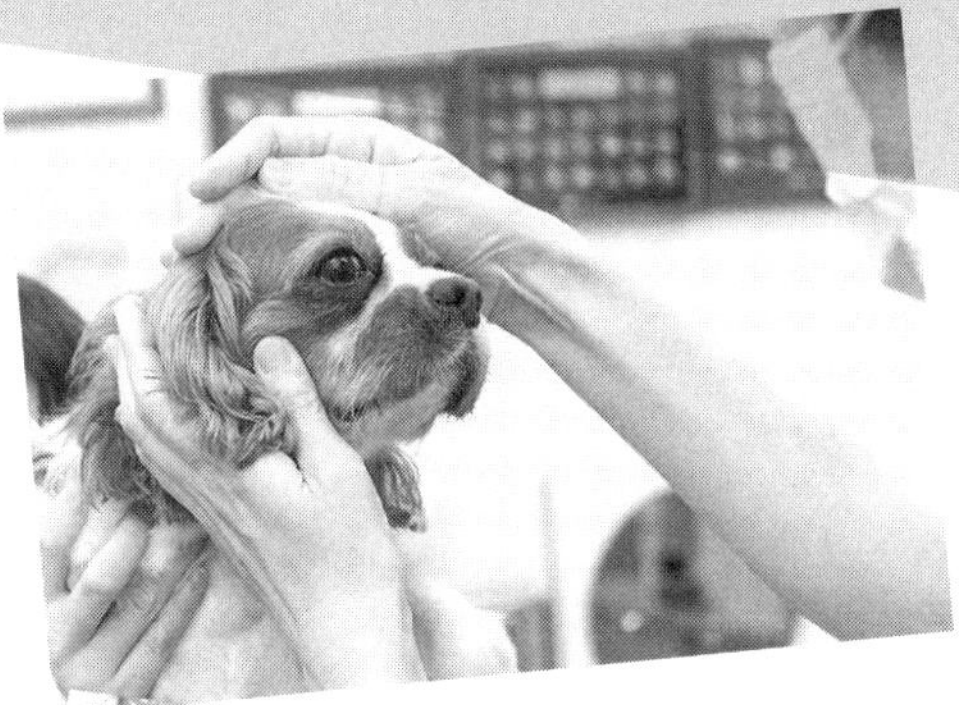

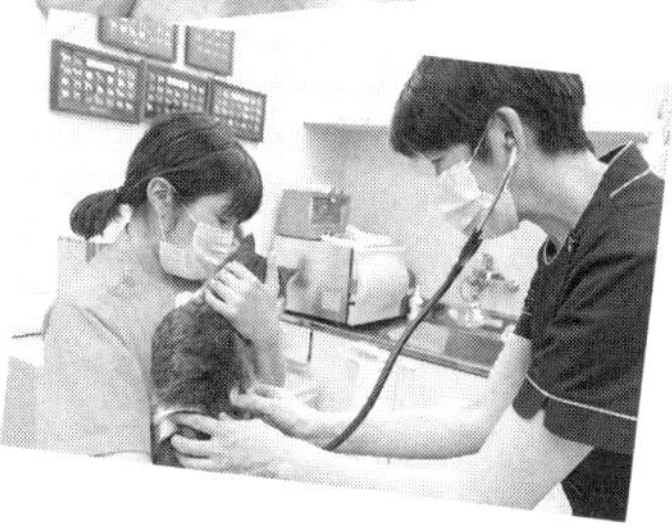

1日の
スケジュール

Morning

6:30 起床・朝食、お弁当準備

7:30 ペットのケア、診療予約確認

8:30 出勤

9:00 診療開始

17:30 診療終了

18:30 帰宅し夕食、リラックス、ペットのケアなど

21:00 事務仕事、明日の診療予約確認など

23:30 就寝

Afternoon

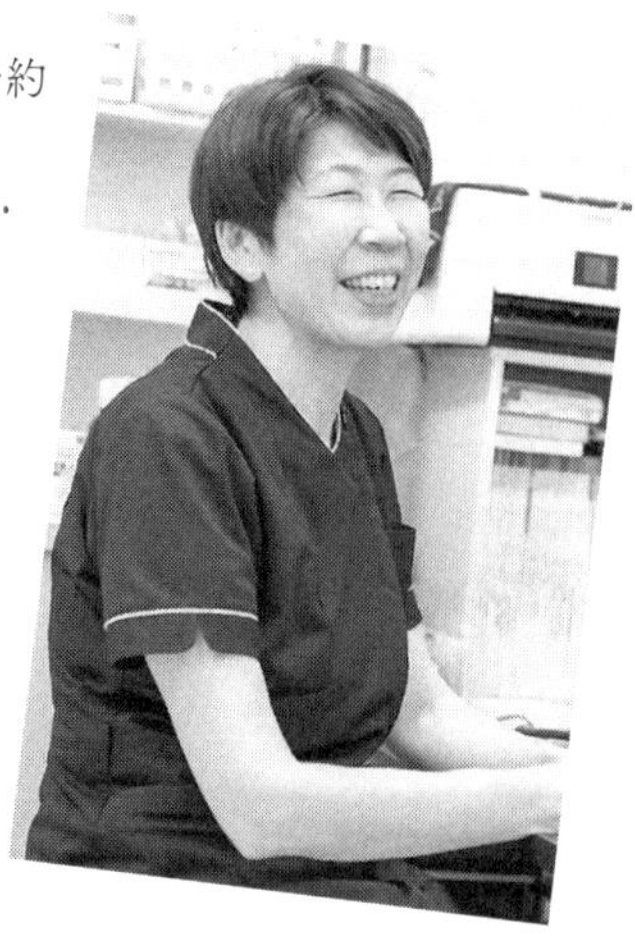

ダメダメ獣医師、開業までの道のり

私は現在55歳で、獣医師として生業を立てるようになり25年がたちました。

獣医師になると宣言したのは、高校2年の進路指導が入り始めたころです。それまでは家庭科教師志望の文系女子で、お裁縫、編み物、お菓子作りで毎日が過ぎていました。ところが、たまたま見ていた競馬中継で落馬事故が起こり、骨折した馬が安楽死になってしまいました。その事が衝撃的過ぎて、馬の骨折を治療する獣医師になると決めました。

山口大学農学部獣医学科へ進学し、6回生になると就職活動が始まりました。もちろん中央競馬会を目指しましたが、まさかの年齢制限と言う無慈悲な線引きに引っかかってしまいました。たった1歳の差で応募の機会を逃してしまいました。馬の次に好きなことは、考えることと人と話すことでした。

これをきっかけに、動物病院開業を目指すことになりました。

大学を卒業して動物病院に就職しましたが、院長や勤務医のスピードや技術、知識の足元にも及びません。自信満々で念願の動物病院に就職したのに全く使えない獣医師で「期待外れ」と言われショックでした。診察から徐々に外され後片付けばかりやりながら、こんなはずだったかなと自分の無力さが嫌になりました。何度も病院を変わり、そのたびに自信を無くしました。もう無理なのかなと思いましたが、他の動物病院で活躍している同級生の話を聞き「諦めるな、まだ戦っていない」そう自分に言い聞かせました。

とある動物病院に勤務しているときに、何もできない獣医師だったので仕事が回ってこなくなりました。居場所がなくなり、退職したいとマネージャーに相談しました。また逃げようとしたのです。退職理由を話し、「辞めてどこへ行くの？」と言われました。どうするか決めていませんでしたが「一番苦手なことは何？」と聞かれたので、「営業です」と答えました。すると、「じゃあ、そこで一番になったら戻ってきなさい。待ってる」と言われたのです。

次の日、営業職の面接に行きました。採用してくださったのに、約半年間一つも契約が取れませんでした。また居辛くなりましたが、待っていると言ってくださったことが頭をよぎりました。今思うと逃げ癖がついていた私に対して、逃げずに苦手なことに立ち向かい自力で克服するために与えられた機会だったのだと思います。契約が取れないことには理由があるはず。営業成績トップの方に同行して、自分との差を発見しました。私の話は自分本位で、お客様が何を必要とされているのかを無視していました。それからお客様のお話に耳を傾けることに徹しました。営業職につき約2年でトップになり、動物病院に戻りました。

マネージャーは、待ってくれていました。本当にうれしかった。何もできないダメ獣医師だったのに、チャンスをくださったことに感謝しました。その後、別の動物病院に再就職し開業を目指すことになったのです。

「動物病院を開業します！」

銀行に行ってそう言えば、開業資金を融資してもらえると思っていました。どこの馬の骨ともわからない獣医師が、「治療ができるので開業します」なんて言っているのだから単なる世間知らずでした。ある程度の治療ができることは必要条件で、銀行が融資してくださるには不十分でした。「この事業計画書通りに返済できることの根拠は？」と言われ、言葉に詰まりました。

「そんな根拠、今あるわけがない」それ以上何も思い浮かびませんでした。事業計画書を何度も書き直し、何度もチャレンジしましたが、全部断られてしまい意気消沈しました。

器具の見積もりをお願いしていた医療機器会社や器具リースをお願いしていた会社、雇用する予定であったスタッフにどのように説明したらよいのだろう。借入れは簡単にできると信じて疑っていませんでしたので、壮大な夢を傲然と語っていた自分がバカに見えました。「融資できない」と金融機関から言われてしまったからには、事情を説明するしかありません。私は長年温めてきた開業するという夢を諦めました。絵に描いた餅だったのです。

関係者に事情を説明すると「また明日連絡するから、開業を諦めるという話は保留にしてください」「まだ方法はありますよね。私は先生の病院で働きたいのです」と言われました。私は期待させて、その思いを裏切ったのですから。諦めない言葉が余計辛くなり、自己嫌悪に陥りました。

次の日、医療機器会社の社長から電話がかかってきました。正直なところ居留守を使いたかったのですが、コールがいつまでも続くので仕方なく電話に出ました。「あれから一晩考えた。不本意だろうけど、私が社長、あなたが雇われ院長という形で良ければ動物病院を開業しないか？資金は全部出そう」という内容でした。動物病院の開業は最低でも数千万はかかります。言われていることが簡単に飲み込めませんでした。「どうしてですか？」と聞くと、「恩返しだよ。私も人から資金提供を受けて今の会社を作った。だから、今度は私が資金提供してあなたに開業して夢を叶かなえてもらいたい」この申し出がなければ私は動物病院を開業することはできませんでした。ありがたい申し出を受け、必ず成功させることを誓いました。

開業は楽じゃない、開業しても楽じゃない

経営者ではなく雇われ院長という立場で、動物病院を開業することになりました。融資を受けることができなかったのは、実績のなさもある。まずは実績を作りなさいと言われました。融資を受けることができる人物になりなさいと、アドバイスされた気がしました。悔しかったのですが、腑に落ちました。

まず、テナントの選定は国道沿いで交通量が多すぎず、交差点が近くになく、駐車場が広くて、周辺に民家がないこと。そんなおあつらえ向きのテナントが見つかりました。そこはテナント街で、ちょうど見つかったのは青い屋根で白い壁、木の扉のかわいらしいテナントでした。準備期間は1ヵ月半で時間がありませんでした。毎日準備に追われました。準備の合間を縫って、同じ市の動物病院や近隣のペットショップ、ブリーダーのところへ挨拶に行きました。印象に残るように、私らしくありたいと思い3月3日の桃の節句を開業日と決めました。

いよいよ開業の日を迎え、お花がたくさん届きました。開業したんだという気分になりましたし、頑張らないといけないと気合も入りました。しかし、来てくれたのは知り合い

の1人だけ。そんなものです。開店から行列ができることは、想定していませんでした。毎日1～2人の来院。ゼロではないことをスタッフと喜ぶ日々。開業した月の売上は40万円程度でした。給与、経費、返済を合わせると当然赤字です。患者さまがどんどん来院されて待合室が満員御礼になり、駐車場に停めきれない。そんな動物病院でずっと仕事をしてきたので、開業って甘くない、これが現実だと冷や汗が出ました。待っていても来ない患者さま。集客のためにと情報誌に掲載料を支払って載せたり、新聞広告を入れたりと工夫しましたが、まるで効果がありませんでした。

数ヵ月もがいているうちに、徐々に来院数が増え始めました。その理由が知りたくて問診表に来院のきっかけを記入する欄を設け、待ち時間にアンケートを実施しました。ブリーダーやペットショップからの紹介、お散歩仲間からの紹介、近所の人に聞いたなどの口コミが非常に多かったのです。今と違いSNSがそれほど発達していなかったので、メディアの利用ではなく地道な口コミが一番集客力がありました。

10年ほど前に、経営方針を大きく変更しようとしたことがありました。一次診療の病院として経営していましたが、専門性を追求するか、二次診療の病院として高度な治療もやっていくか、現状を維持するかで悩みました。現状維持は性に合わないので、高度な治療も行う病院を目指そうと決めたのです。

しかし、そのころから来院数が徐々に減少し、院内の雰囲気もぎくしゃくしたものになっていきました。来院数減少の理由がつかめず、困りました。開業当初から来てくださっている飼主さまに「なぜ、遠くからわざわざ来てくださるのですか？」と質問しました。答えは「話を聞いてくれるから、ずっと来ているの。今まで行っていた病院の先生は上手だけどちゃんと話を聞いてくれないから。」でした。この飼主さまは来る途中に2〜3件の動物病院があるのにずっと通ってくださるので不思議だったのですが、来院理由が予想外すぎて驚きました。その後、飼主さまに「どうして来院してくださったのですか？」と「私たちに希望することは何ですか？」というストレートなアンケートをとりました。来院理由で圧倒的に多かったのが、「話を聞いてくれる」、「押しつけがましくない」、「やさしく説明してくれるので分かりやすい」だったのです。私たちに対する希望は「変わらないでください」でした。

このアンケートをもとに、高度な治療を行う動物病院ではなく来院数が多かった皮膚病を中心に行う病院へと方向転換しました。待ち時間が長いという指摘を解決したくて、予約制をとり薬やフード注文は専用フォームを作成し、いつでも気軽に注文できるように工夫しました。

飼主さまの不満や不便さに耳を傾けると、私たちに求められていることが分かります。

ネガティブにとらえてしまうと、見誤ることが増えます。上手くいかない場合の答えは飼主さまが握っているのかもしれません。

俗にいう他人を変えるのは難しいという言葉は、おそらく経営にもあります。私たちが飼主さまのニーズに耳を傾け変わることも時には必要だと、なじみの飼主さまに教えてもらいました。

- **困ったときには飼主さまのリアルな声に耳を傾けると、答えが見えることもある**
- **上手くいかないことには、上手くいかない理由がある**

動物病院はブラック説

外から見た動物病院のイメージ。かなり良いイメージを持ってくださっていることが多いように思います。言葉を話さない動物たちの病気を治していく素晴らしい職業。それは確かですし、私もそう思い仕事を続けてきました。

3Kという言葉を今の若い方はご存じでしょうか？　3Kとは、「きつい」「汚い」「危険」を略したものです。「動物病院はそれ以上かもしれないね」なんて、言っていた時代もありました。

私自身、朝の7時から働き始めて夜中の2時に帰ることがありました。その間十分な休憩があるのかと言えば、そうではない。労働基準法に引っかかることもあったかもしれません。しかし、言ってしまえばそうでもしなければ、成り立たなかったとも言えます。

人間のように科目別になっているわけではなく、すべての科目を1つの病院で少数の獣医師が診ています。言葉が通じない分、飼主さまに聞くことも増えるし検査も多くなります。私たちの思いが動物に通じないことももちろんあり、大暴れされてしまうこともあります。その結果時間がかかってしまうのです。

「でも、動物病院ってそんなものよ」と、関係者はずっとそう思ってきました。

「仕方がない。そんなものだから」という言葉が私は嫌いです。真夜中まで休憩なしで働くこと、休むことができず、思考回路が停止状態で働くこと、結婚や出産後に女性獣医師の仕事の機会が失われてしまうこともなぜなのだろう？　と、思っていました。

動物病院だけでなく、どの業界でも同じだったのではないでしょうか？

働き方についての不満や憤りはありました。それを理由に退職して、新しい職場に行っても同じでした。不満を並べても何も変わらない。それなら仕組みを変えてみたらどうだろう？

そう思って、自分が悩んできたことを解決できる動物病院を作ることにしました。仕事以外で起こる私生活の様々なアクシデントを受け入れることが困難な職場の現状を、私の病院で変えることができるのかを確認してみたかったのです。19時までだった営業時間を17時半に変更し、週休2日制にしました。予定時間に診察終了することができなかったので、診察受付時間を新たに設け最終的に予約制にしました。

経営難になるかもしれないという恐怖はありましたが、業界の当たり前を私の周りだけでも覆すことはできないかと思いやることを決断しました。その後から働き方改革が叫ばれるようになり、私にとって追い風になりました。

時短営業、週休2日制、残業なしに変更しましたが、来院してくださる飼主さまのニーズに合致したのか売上が伸びる結果になりました。

時短、週休2日、診療科目を絞り、予約制にすることは勇気が必要でしたが、やってみてダメだったら元に戻しましょうよというスタッフの声に後押しされてトライしました。

やろうとしたことは、獣医業界では失敗するといわれることがほとんどでした。結局やってみないと分からないということです。悩むなら、やってみる。ダメならやめるか、改善する。チャレンジが大切です。

・働き方を変えられないと思うのではなく、働きやすい環境を作ろうとすることが大切

・できないと思い諦めるより、やってみる

新たな場所で次のステージへ向かう私からのメッセージ

夢だった開業も多くの人の力をお借りして叶かなえることができました。開業してからは、患者さんたちに叱咤激励されながら18年続けることができました。心より感謝しています。本当にありがとうございます。

数年前より悩んでいたのが、実家で一人暮らしをしている90歳を目前にした父のことでした。さんざん考えましたが、ふくふく動物病院は信頼のおける獣医師にお譲りすることにしました。苦労と心配をかけ続けてきた両親です。様々な想いを押し殺し私がやりたいようにさせてくれました。帰って来いとは男親の立場上言いにくいと思いますが、時々不安を口にするようになりました。

この結論が患者さまに迷惑をかけることは分かっていますが、どうかご理解いただきたいと心から願います。捨てるのではなく、バトンタッチです。経営者をずっと続けることはできません。いつか必ず交代する日が来ます。ずっと信頼関係を築き上げてきた患者さまとスタッフを裏切らないように、きちんと交代することが経営者として私が果たす最後の仕事です。

今後は勤務獣医師として仕事をし、新たな立場でチャレンジを続けていきます。私はまた新たな夢を描いています。

最後に、新たなステージに入る私から日本を支えていくさまざまな年齢の方たちに伝えたいメッセージは、勝手に諦めないことです。誰もあなたに諦めろとは言わないし、限界だとも言っていないのです。自分で諦めるという選択をとってしまうのです。やめなければいつまでもチャレンジはできるし、終わらないのです。

みっともなくても、先が見えなくてもやめなければチャンスはなくなりません。そして、変えたい未来があるならば、大海に一石を投じる勇気を持ってください。小さな波紋がいつか大きな波になることを期待して、エールを贈ります。

Message

あなたへのメッセージ

結局やってみないと分からない。
悩むなら、やってみる。
ダメならやめるか、改善する。
チャレンジが大切！

平松育子さんへの
お問合わせはコチラ

メディカルリサーチ株式会社
歯科医業

船橋静香

日本人のスマイルを素敵に変える！ 歯を削らない スーパーエナメル 開発秘話

Profile

1965年生まれ。広島大学歯学部卒業後、大学病院補綴科で冠の治療や入れ歯の治療を専攻し研鑽。その後病院歯科や一般開業医で勤務経験を積んだ後、結婚。3人の子育て中に家人の協力を得てオーストラリアで研修。その後、アメリカや韓国、イタリア、スペインで技術研鑽し2015年にスーパーエナメルの商標権を取得。2016年メディカルリサーチ株式会社を設立。後に代表取締役を譲り、現在は岡山市の船橋歯科医院にて歯科医業に専従。

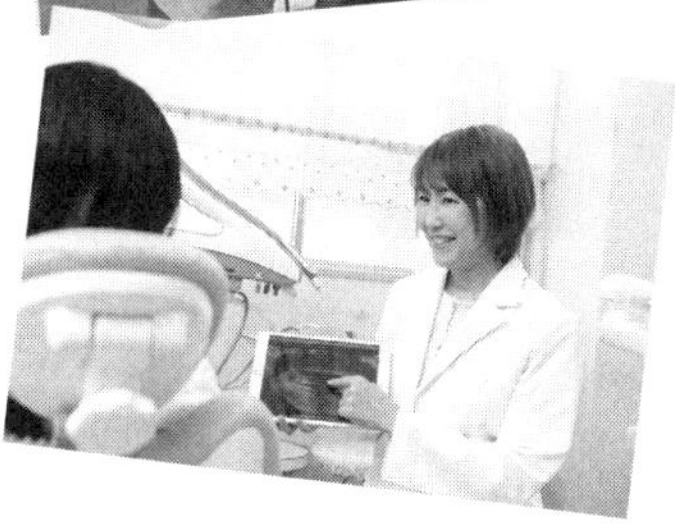

1日の
スケジュール

Morning

8:00 起床

8:30 朝食

9:00 家事

10:00 出勤

13:30 帰宅・昼食用意・昼食

15:00 出勤

19:30 帰宅・家事・夕食用意・夕食

20:00 雑務または
リラックス

23:00 入浴

24:30 就寝

Afternoon

歯に悩みがあり笑えない人の笑顔を変える

私達が子どもの頃の日本は多くの人がどんどん歯を失っていき、40代で総入れ歯という人がたくさんおられました。歯磨きの習慣がないまま手軽に好きなものを食べられるようになり歯科医院の数も少なかったため、ほとんどの子どもに虫歯があり、虫歯の進行止めのお薬だけ塗られ真っ黒でガタガタの歯をしていました。私も子供の頃虫歯が多かったため歯並びも悪く育ち、何度も歯科治療を受けています。進路を決める際一生の仕事として歯科医を選んだのは、自分自身に歯の悩みがあったからでした。専門的な勉強は大変役に立ち、正しい知識を得て考える習慣を身につけると、マイナスはプラスに転じて人生が豊かになりました。

歯科医の専門知識が役立つネットのQ&Aサイト「歯チャンネル」のボランティア回答者として、5万件以上のお口の悩みに日々回答しています。お口の悩みは千差万別ですから質問は尽きることがありません。昨今は検索でわかる事も多いはずですが、情報の更新以上に医療の進歩は早く、悩みを抱えておられる多くの人は陳腐化した情報につかまって迷路に陥っておられます。おかしな情報を盲信したり、検索ワードに辿り着けない人も多いようです。また、過去の治療のトラウマに囚われ続けて歯科不信に陥って不調を抱えてしまう人も多いようです。昨今は歯科治療の質も内容も昔とは大きく異なり、専門家でさえもついていくのが難しいくらいのスピードでどんどん良くなっているのですが、その恩恵を受けることが出来ていない人がまだたくさんおられます。

現在、歯科医院は約6８０００軒あるのですが、歯科医院毎に提供可能な治療内容はかなり異なるため、健康なお口を生涯維持し続けるためには歯科医院選びが大変重要になります。早期に歯をどんどん削っていく歯科医院を選択してしまうと、長生きするうちにどんどん歯を失っていくことになります。逆に検査の精度が低すぎて見逃されてばかりいると手遅れになります。きちんと検査を受け必要な処置をきちんとしてもらい、できれば歯を削られることなく歯を真っ白ピカピカに補強してもらって、素敵なスマイルになれれば人生がより豊かになるでしょう。私からそんな治療法をご紹介したいと思います。

昨今、人気急上昇の「スーパーエナメル」は、歯をほとんど削らないネイル感覚の極薄セラミックベニア治療法です。ここ数年の目覚ましい技術革新により、歯を削る代わりに歯の表面に貼る人工のセラミックベニアの厚みを究極の薄さにすることが可能になりました。歯をほとんど削る必要がないため麻酔は不要で痛みがなく、短期間で素敵なスマイルを作り出すことができます。素材は頑丈な新世代セラミックが基本ですから、樹脂（レジン）治療とは異なり綺麗な状態を長期間維持できます。ホワイトニングが奏功しない色に問題がある歯や、すきっ歯などの形に問題がある歯でも、真っ白なスーパーエナメルをネイル感覚で歯の表面に貼れば理想のスマイルに近づけることができ、お手入れも簡単になります。歯の殺菌健康増進効果のあるホワイトニングと併用すると見た目の悩みが解消し、歯の寿命まで延ばせます。

お口の健康は身体の健康に直結し、積極的な社会活動への参加につながることを誰もが認める社会になっています。痛みや苦痛、トラブルがなく短期間で満足できる結果を出せる治療法があることを知っていただき選択できるようになれば、より多くの人がネイルサロンに行くように歯科医院に行くこと自体が楽しみになり、笑顔に自信が持て、悩みが少ない健康的な生活を送れるでしょう。

歯の悩みから歯科医になった私は海外へ研鑽を積みに行くことで、リスクなく満足度の高いスマイルチェンジの方法を他の歯科医より一足先に身につけることができたのです。

ネイル感覚の歯の新しい審美治療法「スーパーエナメル」を開発

歯科医になった私が海外に行きひしひしと感じたのは、スマイルに対する価値感の違いでした。日本人は初対面でどんな人かを見極める際に7割の人が目を見る国です。ところがヨーロッパやアメリカの都市部に行くと、必ず視線はその人の歯にいきます。日本では歯を見せて笑う事は下品だとかつて教育されてきました。しかし、海外に行くと、スマイルこそが重要なコミニケーションツールなのです。そのような環境では、歯を見せられない魅力の乏しいスマイルでは居心地は悪くなります。歯並びよく真っ白な歯が見える素敵なスマイルの価値が非常に高いのです。

アメリカの場合、きちんとした職業についていると会社が加入している医療保険の適用条件として定期的な歯科検診とクリーニングを義務づけていることがほとんどです。費用制限はありますが、子どもの矯正治療程度であれば保険で充分賄われる場合も多いです。歯並びへの意識も高くきちんとした職についている親を持っていると10代で歯列矯正が終わります。アメリカの食生活は決して良いとは言い切れないことを考えると、歯が綺麗かどうかは食生活ではなく、ホワイトニング（殺菌効果もある）を容易にできる環境の有無と、定期的なメンテナンス習慣と歯並びの良し悪しに左右されることが明白です。

例えば、日本と海外では法律が異なり、アメリカや韓国では薬効の高いホワイトニングキッドをドラッグストアで簡単に購入できます。日本の場合、薬機法があり効果を感じやすい高濃度のホワイトニング商品は医師免許を持たないと輸入もできず、一般の人は入手できません。そのため、歯科医が居ないサロン提供のホワイトニングや市販の歯磨き粉では、着色汚れは落とせても歯を本当に白くするには至りません。歯科医院でホワイトニングを受けない限り、真っ白な歯を手に入れることは難しいのが現状です。また、定期的な歯科検診の義務化はまだ検討段階で根付くに至っていません。歯科矯正もまだ高嶺の花と考えられているでしょう。

障壁が多い日本から海外に学びに行き、私の臨床を劇的に変えた治療法はいくつかありますが、その中の一つが2011年に出会った歯を削らないベニア治療法です。当時日本ではまだ歯の表面を1ミリ近く削り取るオーソドックスなベニア治療法か、薄くても非常に脆く治療しにくいものしか紹介されていませんでした。すでに海外で普及していた新時代の歯を削らないベニア治療法は、日本ではまだほとんど提供されていませんでした。そこで認定医になるために業者を介しラスベガスで資格を取り、帰国して提供し始めると非常に喜んでいただけることを実感できたと同時に様々な問題を経験しました。問題を解決するためにシアトルとロサンゼルスに行き、強度を増した最新素材のガラスセラミックやジルコニアを使う新たなシステムのヒントを得ました。それが最新式「スーパーエナメル」の開発へと繋がりました。ネットで情報を発信すると全国から、時には海外からも治療を受けたいと毎日毎日来院されるようになりました。そうして得た数多くの経験が多様なお口の状態に合わせたこの治療法の完成度を高めることに繋がりました。「スーパーエナメル」をより多くの人に提供可能にするために会社を設立。歯科医からも是非やり方を教えて欲しいと乞われ、セミナーを開講しすでに100名近くの歯科医に技術を伝授していまず。今では40以上の歯科医院が日本各地でスーパーエナメルを提供できるようになり、芸能人やモデルさんだけでなく一般の人からも選ばれる治療法に育ってきています。

スーパーエナメルはスマイルを魅力的にチェンジできるリスクの低い最高の治療法です。歯への負担がなく、気軽に歯の色や形や位置の問題をカモフラージュできます。弱った歯も補強出来、知覚過敏もなくせますから大変感謝されます。歯が薄くなりダメージを受けていたり、咬み合わせの問題からヒビが入っていたり楔状に歯茎の近くがひどく削れてしまうと樹脂で修復する事が一般的になりましたが、その上に極薄の真っ白なスーパーエナメルを貼れば樹脂治療の継ぎ接ぎをなくし長期的に綺麗が保てスマイルの質が格段に高まります。万が一、欠けてもライトタッチレーザーを30秒程度当てれば歯を傷めることなく削らずに外せます。スカルプネイルのように修正して、また貼り直すことも可能です。まさにネイル感覚の歯のオシャレ治療です。この治療法をより多くの歯科医がうまく提供できるようになれば、スマイルを簡単にリメイクでき、日本人のスマイルの質は大きく変わっていくでしょう。

もっとも誰でもすぐにスーパーエナメル治療を受けることができるとは限りません。特に小児期に矯正治療の機会を得ることが少ない日本人は一度きちんと矯正治療を行ったほうがよい人が多いです。歯の位置の条件が悪く出っ歯や受け口や重度の叢生があると歯を削らずに何かを歯の表面につける治療では完成度の低いスマイルにしかなれません。そういう方はスマイル改善のために歯を大きく削り取り、時には歯の神経まで取りセラミック冠の治療や、抜歯してインプラントや欠損修復の治療を選択しがちですが、それでは将来的に大きなリスクを負うことになります。ですからできれば歯と歯茎の位置を矯正治療で整えておく術前矯正を提案すべきとされています。

ところが、社会生活の支障になる成人後の矯正治療を好んで選択される人はほとんどおられませんでした。そういう時にアメリカの卒後研修制度を使ってハーバード大学に行った際、インビザラインという信頼度の高いマウスピース矯正が出来てから社会生活をしながらより多くの方が術前矯正治療を気軽に選択するようになったと知り、日本ではまだ教えてくれる歯科医がいなかった為、すぐにトリノとバルセロナに行き世界を牽引する歯科医からインビザライン治療を直接教わり、「インビザライン&スーパーエナメル」の連携治療とCAD/CAMデジタルデザインによる歯冠修復治療までシステムを組むことができるようになりました。

このように、素敵なスマイルを希望される方々の御期待を裏切らないように多彩な技術習得の努力と投資を決して怠らなかったことが、患者さんや歯科医らの信頼を得る事に繋がっていったと思います。

幸いにも治療の革新性が評価され国から補助も受け、大学関係者や研究者らの協力も得て関連学会を作るところまで進み、この治療法の更なる普及に努めています。

開発から10年以上経過し、より良い仕上がりの歯を削らない「スーパーエナメル」の症例が日本にどんどん蓄積されてきています。これからも、より多くの方にご利用していただければ日本のスマイルの質は大きく変わるでしょう。

願いは、多くの方を素敵な笑顔に！

歯科の治療法も知名度が上がると続々と後発品や類似品が出て価格競争に巻き込まれ出来不出来のバラつきが大きくなります。医療には一定の安心安全と基準の保証が不可欠なため、加盟歯科医院制度や認定医制度を作って質を担保しつつ、日本人のスマイルを素敵にチェンジし、生涯健康な歯を保存する役割を担っていきたいと思っています。スーパーエナメルをエビデンスベースドメディスン（科学的根拠に基づく医療）に昇格するために歯科医らが協力し、今後更に安心してどこででも受けられる治療に昇華させていくことを目指しています。そのためにも現在、多くの方の協力を得て普及に邁進しています。

最後に、スーパーエナメルに加盟してくださり、現在御活躍中の女性歯科医を今回は3名御紹介したいと思います。

「スーパーエナメル」についての詳細や、お近くの加盟歯科医院情報は、最後にＱＲコードを貼ってありますからご参考にしてください。

素敵なスマイルで前向きな人生を楽しむために是非お役に立ててください。

加盟歯科医院の中で活躍中の女性歯科医たち

まだスーパーエナメルの知名度が低かった2014年、たまたま船橋先生の施術症例を複数見て感動し、すぐに連絡を取り治療法を伝授していただき施術を開始いたしました。

歯の色、歯並びをコンプレックスに感じて人前で笑えなかった方が、スーパーエナメルによって笑顔に自信が持てるようになり、その後いきいきした人生を送る姿を、老若男女問わず数多く経験させていただいております。

「歯の色がコンプレックスでCAの夢を躊躇していた人が、スーパーエナメル施術後自信を持って試験に挑み見事合格。今、世界の空で笑顔に自信を持って接客できている」「綺麗になった歯のお蔭で自然に笑顔になれ結婚式の写真が素敵に撮影でき、一生の宝物になりました」「夫に歯の色の悪さを指摘されスーパーエナメルを思い切って施術。すると夫にすごく褒められるようになり夫婦仲がとてもよくなりました」「海水浴場で、黒い肌に歯の白さが際だち『歯が綺麗だね』と周囲から褒められ、すごく嬉しかった」等々非常に多くの方に喜んでいただくことができています。審美治療は患者さんの心に寄り添うことから始まります。患者さんの自信が回復する笑顔を作ること、その笑顔を日本中の方に提供することと、それが今では私のやり甲斐になっています。

東京都渋谷区恵比寿1-2-23　1階　恵比寿ミカ歯科クリニック　院長　八田美香子

「人と接する上で大切なものは？」の正解は1つではありませんが、その中には笑顔も入るのではないでしょうか？笑顔は人の心を和ませ信頼関係が生まれると考えております。「スーパーエナメル」は、歯が理想と違う場合にできるだけ健康な歯質を削らずに美しい形態の白い歯にする方法です。私はスーパーエナメルで笑顔のお手伝いをしています。

欧米では歯に対する意識は以前から高いですが、日本では歯について関心がない時代が長く続いていました。「日本人はなぜ口臭が強いのか、一緒に仕事をしたくない」海外のビジネスマンに言われてとても恥ずかしかったという声が方々から聞こえていました。劣悪な状況を改善すべく1989年に国と歯科関連団体が協力して80歳で20本の歯を残す8020運動を始めました。当初10％に満たなかった達成率は2016年には51％になりました。お口の中が改善してきていると感じることができるようになりました。「日本にお住まいの方はみんな歯がきれい」世界一だと言われるようになること、これが私の夢です。

この度、国民皆歯科健診の検討が始まり、世界一への実現が加速することも期待されます。その一翼を担えるようスーパーエナメルの普及に努めております。

美しいものに心を躍らすと分泌される幸せホルモンをご存知ですか？　実は「幸せは自分でも作り出せる」とその脳のメカニズムが解明されています。スーパーエナメルであなたも美しい形態の白い歯を手に入れて下さい。鏡をご覧になるたび幸せホルモンが分泌されるので、幸せを感じやすい脳が作られます。是非、たくさんの幸せを満喫しましょう。

私はスーパーエナメリストとして、あなたの美しい笑顔と毎日の幸せを応援しております。

東京都練馬区小竹町1－28－5　村松歯科医院　院長　村松美樹

私は東京医科歯科大学・大学院博士課程卒業後、矯正歯科認定医として幅広い年齢層の多くの患者様の歯並び噛み合わせ治療を担当して参りました。矯正治療は1本1本の歯の位置を専門的に移動させることが可能です。健全な歯質を保ったまま咬み合わせを大きく変えたり歯茎の凸凹を整えたり顎と歯の位置のバランスを変えたりすることで、お顔の印象を整えることができる専門性の高い治療法です。

ところが、歯の位置だけではなく歯の色に悩まれている方や歯の形に問題をお持ちの方もおられ、矯正治療だけではお悩みの解消に至らない場合がしばしばありました。歯の色に悩まれている方へはホワイトニングがとても効果的ですから、海外から機器を購入し非常に好評をいただいておりました。歯の形に関して永続的で歯を傷めない治療法を探していたところ、スーパーエナメルと出会い早速船橋先生に教えていただきました。今では評判になり、多くの方にご利用いただくようになっております。

　スーパーエナメル治療を選択されますと、歯の健康は完全に保存されたまま最短2回の通院で永続的な素晴らしいスマイルを獲得できます。今では遠方からも数多く御来院いただくようになり、皆さんとても喜ばれ施術後は素敵な人生を楽しまれています。スーパーエナメルは歯の表面を外部から遮断しますから、虫歯予防にも推奨できる革新的治療だと手ごたえを感じています。歯の形や軽度のガタつき、変色などのコンプレックスは、このシンプルな無痛治療で解消できます。より多くの方にスマイルに自信を持っていただきたく大変お勧めの治療法です。

東京都杉並区西荻北3―32―12　1階　グラーツデンタルケア　院長　八木優子

Message

あなたへのメッセージ

人生に無駄無し。
悩みは変化の原動力。

船橋静香さんへのお問合わせはコチラ

スーパーエナメルHP　スーパーエナメル動画　船橋歯科医院HP

一般社団法人介護美容 1 LOVE KNOT 代表理事
ヘアメイクアップアーティスト

本多真美

看護師から
メイクアップ
アーティストで独立！
「介護×美容」を
先駆けるまでの道のり

Profile

長崎県島原市出身。元看護師のメイクアップアーティスト。2006年に雑誌「小悪魔Ageha」からキャリアをスタート。広告やTV、NY パリ等の海外コレクションで幅広く活躍。近年では中国人向け美容室を都内に立ち上げグローバルな活動を展開する傍ら介護美容にも参入。講師育成までを手掛けている。時代の流れに合わせた「心が生きるメイク」をテーマに今後の活躍が期待される。

1日の スケジュール

Morning

7:00　起床、愛犬のお世話

7:15　メール&LINEチェッ TVニュース聴きながら メイクと朝食を一気に 済ませる

8:00　アトリエに向かう、当日の仕事準

9:00　出勤、撮影現場、学校、ミーティングな

13:00　昼食、SNS更新

18:00　終業、その他活動現場のスタッフ日報チェッ

19:00　愛犬散歩&メール返信、翌日のスケジュール確認

20:00　帰宅、夕食準備

21:00　夕食、入浴、家族時間、晩酌

24:00　就寝

Afternoon

看護師からヘアメイクに

夢がなかったんです、高校卒業するまでは。小学生の頃から体を動かすことが好きだった私はピアノやお習字の習い事を辞め、クラブ活動に夢中でした。その時はとにかくみんなと汗を流して過ごす学校生活の日々が楽しかったんですよね。他校の同性からもお手紙を貰うほど、活発な女子でした。高校を卒業する頃、周りの同級生たちはハイレベルで著名な大学を目指し、医師や看護や教師になると目標がしっかりあったんです。ただただ毎日学校の宿題をこなす、そして部活で発散！　文武両道をしていたけれど、進路で悩んで立ち止まっていた時に祖母や従姉妹の姉に看護師を勧められて「これからは女も手に職を持つ時代だからね！」と言われました。当時暮らしていたのは○○郡という小さな田舎でしたが、そこから上京してきました。東京で看護学校と寮生活の始まりです。

上京してすぐにスクランブル交差点で人の歩く速さに酔ってしまったくらい、都会を感じました。渋谷や新宿、秋葉原や原宿で自由に自己表現をしている人たちが衝撃的で眩しく見えました。おしゃれで可愛くてカッコよくて目に入る人々が個性で溢れていました。都会で生活する中で、『こんなに自分を表現していいんだ！』というのが率直に感じたことです。言われるがままに看護を学び手に職をつけたものの、実家で行なっていた美容に関する仕事をやりたいことにふと気づきました。実家が床屋を営んでいたので子供の頃から好きな時に父に髪を切ってもらい、好きにオーダーして、似合うか似合わないかで言い合ったりしました。普通だと花嫁さんがやるようなお顔剃りも高校生の時に経験をしていましたし、お客様がカッコよく綺麗になっていく中で感じていたこと、お店の手伝いをして育った環境、当たり前にあったあの環境が自分にとっては好きな環境だったと東京で生活をして気づきました。

大きなきっかけは成人式。そのときの何の知識もない自分の下手なメイクが残念で、メイクを習おうと思いました。どうせ学ぶならと、プロのメイクアップアーティストの教室に通うことにしました。

看護師をしながら月に1~2回休日に通って、メイクに少しずつ自信がつきました。ヘアメイクさんになりたいと漠然と思い、ヘアメイク事務所巡りをしました。どこへ行っても「免許を持っているの？」と聞かれ、「雑誌やりたいの？　映像やりたいの？　TV局と違うよ？　ヘアメイクアシスタントの養成学校にまず入ろう」と、働きたいのに入学を勧められたこともありました。何社か回り、最後の事務所でいちばん記憶にあるのが「あなた女でしょ？　結婚して子供産んでそれですぐにこの仕事やらなくなるんでしょ？　長く続けられるの？　この業界」と言われて腹が立ち、免許を取得し自分の本気を見せようと思いました。今思うと美容師免許を取るきっかけになったのは、あの時事務所巡りをした先々のアーティストの先輩方のおかげです。

色々言われたけれど、やらなきゃいけないなら、それをやればいいと前に進めました。やりたいことが見つかったと同時にさらにもっと明確に目標を聞かれたり、本気かどうかを試されたり、どうしたらやる気を認めてくれるのか、この人じゃなければ次の人次の人と、自分にはとにかく行動。その時の自分にとってはそれがベストでしたから、それしかできませんでした。でもそれで良かったんですよね、わからないまま「ヘアメイクさんになりたい！」と伝えて行動した先には、導いてくれる言葉やアドバイスがありました。

それから未練なく看護師を辞め、美容師専門学校の通信に通いました。通信制には美容室に勤務していなければならない条件がありましたが、勤務する美容室を決めるのは割と早かったです。美容室の技術と知識を3年間でできるだけ吸収して免許取得後、すぐにヘアメイクの道に進むんだと決めていました。個人の勝手なイメージですが、東京は下積みが長いと思っていました。自分のレベルに合わせて少しでも多くの技術を教えてくれる家族経営の美容室に行きたいなと考え、東京を離れ埼玉に行きました。その時もまだメイク教室に毎月通っていてメイクの技術も同時に身につけていました。入社したばかりでしたが、有難いことにメイク担当を任せてもらえました。家族経営という環境も、私には実家のような雰囲気でとても居心地が良く、肌に合っていました。

美容師免許取得後に美容室を退職し、すぐに独立をしました。美容通信制で出会った友達と夜職のヘアセットや写真スタジオの仕事をして、ヘアセットに自信をつけることができました。

一期一会で出会いとは本当にありがたいことです。夜のお姉様方やお兄様方には巻き方ひとつでも色々と注意されましたが、スピードやアレンジ力、サービス業のコミュニケーションも学んだ気がします。同時にスタジオ内の撮影回りのカメラワークなども見学できて、アルバイトをしながらでもヘアメイクさんらしい現場の知識が少しずつ身についていたようです。「失敗は成功のもと」と失敗に学び、次回へ活かす。この繰り返しで、技術の幅もアレンジの無限の可能性も知ることができたんだと思います。自分の可愛いと他人の可愛いは違うこともある。人それぞれの基準をカウンセリングする能力や、好みを知る方法も、多くの人のヘアセットをさせてもらえたから知ることができたんです。

今思うと、接客業は小さい頃から実家で身についていたのかもしれません。柔軟に考え柔軟に対応するって簡単に「臨機応変に」と済ませるけれど、とても難しいことだと思います。子供の頃から多くの人が出入りをする環境で父と母の背中を見ながら育ったので、お客様を見る視野の広さは密かに育まれていたのかもしれないです。当時は時々看護師の夜勤もしていたのですが、勤務の中でも患者様のヘアカットをさせていただいたこともありました。看護師をしながら髪を整えたい、綺麗にしてあげたいと思えたのは生まれ育った床屋という環境があったからです。異なる仕事をしていても自然と美容に繋がる思考になっていて、日常生活の中にある当たり前が私のやりたい職業でした。

普段から目につくものや気になること、テンションが上がることは、それ自体がやりたい職業につながっていきます。

出会った人から感じるものをいただく

夜のヘアセットがしばらく続いて技術や収入も安定してきた頃、「これでいいのか」とふと思うことがありました。色々と調べていたときに、ヘアメイクショーをパリで開催する日本チームが目に留まり、ヘアメイク募集の情報を見つけ参加しました。そのショーがかなり刺激になり、帰国後は昼のヘアメイクの世界へ行き、夜のアルバイトを卒業したいなと思うようになりました。

しかし、どうしていいのかわからず、とりあえず一度全てをストップして観光ビザを取得し3ヵ月間アメリカへ行くことにしました。九州から東京に出てきた時のように、東京からニューヨークに行けば何かが生まれると期待があったんだと思います。ニューヨークで活動されている日本人たちに事前にSNSでアポイントを取り、会って話を聞く旅にしました。「あなたは何しにニューヨークへ?」という質問で。美容師、ヘアメイク、ライター、ファッション系、物作りの作家アーティスト、オルガニストなどいろんな方とお茶をして少しだけお話しを聞かせてもらうだけ、待ち合わせもいろんなところに行きました。

現地の方が指定する場所は観光地と違うのでガイドブックに載ってないところもあり、

楽しかったです。その中でたまたま、現地のヘアメイクの方が数日後に開催されるコレクションにアシスタントが欲しいと話がありました。お茶をしながら採用されて、バックステージに参加することができたんです。偶然だったけれど、思いもよらないところで現地のファッションショーに参加できたことは、とても良い経験でした。今でもその方とは繋がっていて、ニューヨークへ行く時にはご挨拶しています。ファッションショーの刺激は私にとても合っているので、今でもニューヨークやパリのコレクションに参加させてもらっています。いろんな方と話ができて、周囲の人からヒントをもらい自分の価値観や考え方のプラスにしていくことをこの旅で学びました。ＮＹに長年住んでいるおばあちゃんがこう言いました。「長いこと住んでいるけれど、もう古いよ、このニューヨークは。何もないでしょ」と。憧れのアメリカに来て仕事を続けている日本人の話を聞いた後のこの話が衝撃的で、でもハッと気付かされました。私も東京で自分の仕事に満足し切っちゃうと、この思考になるんだろうかと。東京で得るものがなくて、ここに来たんだろうかと。東京ももっと視点を変えてみることで刺激的でワクワクする仕事や出会いもあるに違いないって。自分自身で行動範囲を固定化して自分で安定した生活に甘えて、東京には何もないとか…だからニューヨークだったらもしかしたらとか違うのかも…と。今ではそのおばあちゃんに伝えたいです。「ニューヨークは古くないよ、素敵なところたくさんありましたよ、また違う場所に一緒に行きませんか?」と。

帰国後、すぐに小悪魔ａｇｅｈａの雑誌に携わり、次々と新たなステップに繋がる仕事がもらえるようになりました。ヘアメイク友達に誘われて、撮影に行ったことがきっかけでした。出会いって未来への「線」を繋ぐ「点」ですよね。いろんな出会いで未来への道が開けます。また、ニューヨークで坊主ヘアのペットショップ店員に出逢ったのがきっかけで、私も坊主にしました。カッコいいロックな坊主のお姉さんが、仔犬に優しくて働いている。そのギャップが魅力だなと感じ、人目を気にする必要はないと思えたのです。ペットが好き、ロックが好き、坊主がいい、ペットショップで働きたい。ペットショップだからって髪型が決まっているわけでもないし、女性だから髪は長く女性らしくしなければいけないというルールもない。「自分の固定概念って何なんだ」とアメリカで感じて、自分の軸を変えなければ外見は関係ない、評価や価値観は外見に左右されることはないと感じたんです。たくさんの方と出会って夢を語り合い、前向きに行動を起こしている方や目に止まった方からヒントをもらい、今度は自分で実践してみることにしようと思いました。少しでもやれることから真似をしていけばいいんです。

行動に起こしていくと新たに出会う人がいて語り合い、ヒントを貰って、次のステップが見えてくるはずです。

福祉美容の道

様々なヘアメイクな仕事をしている中で、担当していたロックシンガーの女の子が旅館の女将に転職し、その旅館の宿泊者の皆様にスキンケアレッスンをしてほしいと依頼がありました。ヘアメイクは裏方なので表に出ることがあまりなく、チャレンジでした。

参加者の方々はご高齢者が多く、そこでの学びが多くありました。座布団よりも椅子。高音よりも低音で遠くに話すように発声する。自分の動きはみんなの動き。説明も紙で残すことなど。まだまだ発見がたくさん。有難い依頼でした。人生にはチャレンジする機会が時々あり、出会いや依頼に「ＹＥＳ」と頷いて進む中で自分のできることが見つかり、やった甲斐があったなと。今の講師という立場にスムーズに入れたのも、このレッスンがあったおかげです。

また、高齢者施設の広告、パンフレット、ホームページの映像を撮りたいなど福祉関係の依頼が立て続けにきたタイミングがありました。そして普段お付き合いのあったモデル事務所の方がデイサービスを設立する話があり、看護師と美容師歴のあった私に相談がありました。デイサービスで美容に特化したサービスをしてほしいという依頼で、メイクとネイルの施術をし、毎月その施設に通いました。新しい店舗も増え続け、気がつけばファッションショーやモデルタレントなどのヘアメイクの仕事も同時にしながら施設にも通い、10年が経っていました。その期間中、半年ほど上海にもいたのですが、現地で日本のスタッフのシフト管理をしていました。自分一人ではできない規模になり、アシスタントやヘアメイクの友達以外にもネイリストや周りの同業者に多く助けてもらいました。

需要のある未来を感じたので事業にしたほうがいいと思い、立ち上げたのが「一般社団法人介護美容1LOVE KNOT」です。一つ一つの出会いが大切で、これからも一つ一つ繋いで結んでいこうという思いで立ち上げました。設立で出会った行政書士の方に現状の仕事の流れやビジョンを話したときにアドバイスがあったのですが、「全部一人でやろうとしては会社は大きくなりませんよ。仕事を周りにどんどん任せていくんですよ。もっとやらなければいけないことが出てくるはずです」と。仕事仲間を信用し任せることも大事であり、よりいい循環が起こるように行動し考える意識が芽生えました。

突然、福祉系の依頼が多数あり、時代の流れや周囲の声に耳を傾けて柔軟に対応していく大切さを知ったのもこの時期でした。そんな中で身内に不幸があり、エンゼルケア（死化粧）をすることになります。自分が歳を取れば、祖父母も父母も同じように歳をとり、いずれは誰かの死に向き合うことになる避けられない未来があるんです。死と向き合う時に両親の背中を見て育ち、この仕事を選んでよかったと思えました。なぜなら、美容に携わってきた経験を活かして、最期にしてあげられることがあったからです。看護師時代に病院で見た先輩の最期の処置。その後へアメイクとして活動した知識でエンゼルメイクができたこと、全ては必然の流れだったと思います。コロナ禍で逝ってしまった祖母へのエンゼルケアは許されませんでしたが、生前にメイクやネイルができたことは本当にいい時間でした。いろんな感情に言えることですが、自分が辛い経験をしたらその気持ちがわかるようになると捉え、乗り越えるようにしています。苦しみや悲しみの触れ合い方も感じて手を取り合い、支え合うし、乗り越えて人生が充実していくものです。高齢化社会との関わり方一つで楽しむ方法もあるのです。

時代の動きに自分が何に関わっていてどう受け入れて向き合うのか。諦めるのか、突き進むのか。努力するのではなく、目標に向かって少しずつ準備してステップを踏むことが大事です。それがいつの間にか形になっていくのです。

慌てずに一つずつ準備、一つずつ関わる。その繰り返しです。

全ての人が笑顔で心が生きるメイクを

高齢化社会が続く中で「介護×美容」を広げる企業と出会いました。弊社のＳＮＳを見ていただいたのがきっかけで、仕事の依頼がありました。そこで講師業がスタートし、多くの卒業生を見送っています。コロナ禍で多くの方が身の回りに起こる出来事に心を打たれ、技術や知識を身につけたいと注目する事業となっていました。いつの間にか私は介護に対する美容を先駆けていた者となりました。指導をすることが増え、また生徒が増えれば講師が必要であり、講師の講師指導が自分の課題となりました。更なるステップだと思い、また新たな出会いにもワクワクしています。

生徒と介護者と触れ合い、介護美容に携わる人材育成に取り組んでいきたいと思います。自分らしくあるための手段として、美容が生きる糧となるようサポートしていきたいです。

老若男女誰もが綺麗でいていい、その人らしく美しくカッコよくいていい社会が当たり前になってほしい。おばあちゃんでも綺麗でいていいスタイルが当たり前の意識を広げたいと思います。施設や病院にＱＯＬの向上として当たり前に美容室やヘアメイク室があり、メディカルメイクができ、美容を通じて前向きな気持ちになってもらいたいです。人生100年時代。100歳の方が青春時代に憧れた人は？　90代の方が好きになった歌手は？　80代の方が取り入れていたメイクの流行は？　70代の方の流行りの髪型は？　その年代の方が好む美容知識を取り入れ、要望に応えていくことも大事です。世代を下げるとヘアを盛る、K－POPメイクをする、コスプレメイクをする、ヘアメイクの歴史も動いていますので歴史を知ることはとても大事です。

寄り添う美容として、ビューティーと心のケアを両立したいと思います。また、NOと言わずにYESと言って時代や周囲の要望を受け入れてきたのでチャンスが巡り、事業展開に繋がってきました。

失敗やつまずきはありますが、ポジティブ精神で、この失敗から何を学ぶんだ？　と探るんです。共に学んだ同志も多くいると思うと、同じ悩みを抱えていたりするものです。声に出し、傾聴し合うと必ず一歩前に進めます。これからも心が生きるメイクを時代と共に追求していきたいと思います。

与える側も与えられる側も心身ともに美しく元気で笑顔がいちばんです。

時代の流れを受け入れその要望に応え、それが拡大し事業に発展していくのです。

Message

あなたへのメッセージ

努力するのではなく、
目標に向かって
少しずつ準備して
ステップを踏むことが大事です。
それがいつの間にか
形になっていきます。

本多真美さんへの
お問合わせはコチラ

一般社団法人日本ＬＣＡビューティー協会 代表理事
エステサロン/スクール経営

安枝千代美

サロン起業で人生変えた〝誰にも頼らず自分の力で生きていく〟と決意！そして、見つけた「私らしい生き方と家族の在り方」

Profile

熊本県出身。3人の子供を持つ主婦から月商7桁一人サロンオーナーへ。10年前に「エステサロン Lecrin de ange」を熊本県の田舎町で開業。6年前に熊本市中央区「エステ＆スクール Le Cacie」として新たに出発。確かな知識と最高の技術を持ったエステティシャンを多数輩出している。2021年7月、一般社団法人日本ＬＣＡビューティー協会を設立。同年、オンラインスクールを立ち上げ全国で活躍中。

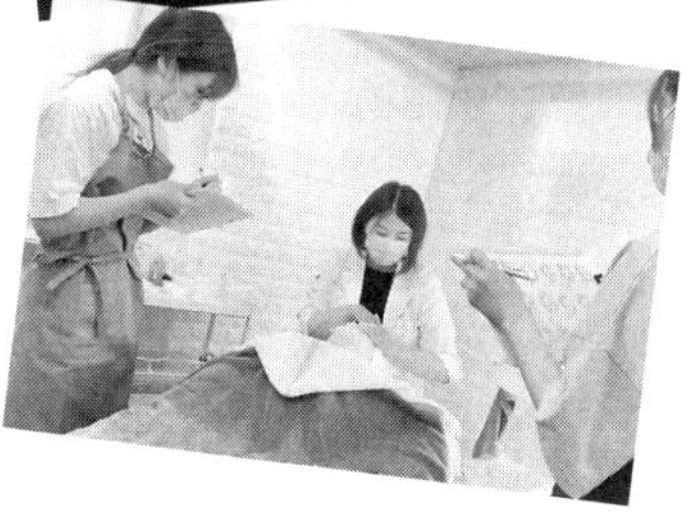

1日の
スケジュール

Morning

6:00 起床・白湯を飲む・メイ

7:30 娘を送り出す

8:00 朝ドラ鑑賞・SNSチェック

8:30 掃除・洗濯

9:00 サロン・スクール業務

20:00 片づけ・翌日の準備

20:30 夕食

21:00 お風呂・娘との時間
寝かしつけ
ストレッチ
事務仕事

23:30 就寝

Afternoon

起業までの道のり

幼少期から、化粧品販売員をしていた母親の背中を見て育ちました。母に隠れて化粧をしてみたり接客の真似事をやってみたり、おしゃれが大好きな女の子だったようです。将来の夢は、お化粧品屋さんでした。物心ついた頃から美容に携わる仕事をしたいと思うようになり、化粧品会社へ入社しました。結婚と子育てを機に仕事を辞め専業主婦へ。２年ほど経った頃に仕事復帰し、再び美容関係の仕事に就きました。

その後、家庭を顧みない前夫との離婚を機に「人に頼って生きる人生から脱却したい」「自分の力で生きていきたい」と強く思うようになりました。

しかし、現実は2人の子供を抱えて、どう生きて行くのか悩む毎日です。10代の頃から夢だったエステティシャンへの憧れ。そして、子供のために自宅でできる仕事。今、エステの勉強をしなかったら、何歳になっても絶対に後悔する！　まずは、資格という裏付けが必要だと思い、一大決心して福岡にあるCIDESCO認定学校に2年通いました。もちろん熊本から福岡へ毎日通学です。子供が夏休みの期間は、３食分（朝・昼・晩）のご飯を作って福岡へ登校しました。知り合いの会社でオンラインの仕事をさせてもらいながら勉強と家事と子育てで、睡眠時間は2時間ほどでした。今はマネできません。人生を変えるためには、そのくらいの覚悟が必要だったのだと思います。

好きな仕事とは言え一筋縄ではいかず、現実は試練の連続です。「好きを仕事に」と聞くとキラキラしているイメージがありますが、好きだけでは成り立ちません。これは、本当に痛感しました。

そして、子供達にも大きな負担をかけていたと思います。ひとつ救いだったのは、母親が必死になって勉強する姿を見せることができたことです。やり抜く覚悟と自分の力で生きていく覚悟、大切な人を守る覚悟、そして、「好き」を仕事にする覚悟を身体を張って子供達に見せることができました。

学校に通った2年間は、私にとって確固たる自信に繋がっています。もし、いろいろな事情で自分の夢を諦めている人がいたら、何か1つ行動に移してみてください。今すぐにはできなくても、いつの日か希望の光が差す日がくるかもしれません。私もそうでした。その日のために、今できる事をやって欲しいです。

年齢は関係ありません。人生を変えると決めた瞬間が適齢期です。今振り返ると夢を諦めずに突き進めたのは、決して自分の力だけではありません。両親や子供達の協力なくしては叶わないものでした。だからこそ、いつも感謝の気持ちを忘れずにいることと感謝を言葉で伝えることを大事にしています。

人生が動き始めたときにやめたことは恨みや憎しみを持ち、自分を不幸にした相手を責めることです。人生の選択を強いられるときは、いつも相談させてもらっている福岡市の占い師さくら先生からの教えでした。

「自分を傷つけた相手の幸せを願いなさい」

当時は全く理解できずにいましたが「うそでもいいから願いなさい」と言われ実行していくに連れて、徐々に相手の幸せを心から本当に願えるようになりました。もう少し優しく接していれば良かったと申し訳ない気持ちさえ芽生え始めたのです。それから人生に変化が起き始めました。

憎しみや恨みからは、何も生まれません。憎しみ恨みは、苦しみを運んできます。だからこそ、どんなときも感謝の気持ちを忘れずに過ごすことが大切なのだと教えていただきました。そうすれば、必ず幸せを運んで来てくれます。

・恨みや憎しみからは何も生まれない
・人生を変えると決めた瞬間が適齢期

起業してからの苦悩とやり甲斐

美容学校を卒業してから熊本市のサロンに勤めて開業まで、時間はかかりませんでした。自宅の一室をサロンにした、憧れの自宅サロンです。開業から3ヵ月は友人やご近所さんが来てくださり、「私、成功したかも！」と鷹を括っていました。ホッとするのも束の間で客足は徐々に減り、施術用ベッドで昼寝をする日も増え、行き詰まったときに重大なことに気づきました。

そう、マーケティングを学んでいなかったのです。思い返すと250万もかけて作成したホームページの支払いに苦戦をしていました。独学で経営学を勉強し、口コミや紹介で何とか生活できるようになったころ、今の夫と出逢いました。同じ事業家で実直な優しい人です。この出逢いが、また始まるミラクル人生になろうなどと思いもしませんでした。再婚をして娘にも恵まれ、エステの仕事をセーブしながら穏やかな子育てライフを満喫する予定でした。しかし、夫の事業が上手くいかなくなり、体調を崩してしまった夫に代わり、私が一家の大黒柱になりました。現在、夫は、最先端の兼業主夫です。

「男は外で働き、女は家庭を守る」という昔ながらの固定観念に囚われることなく、自分達らしく家族を幸せにできる方法を確立しました。

しかし、その道を選ぶまでは、正直なところ葛藤がありました。夫が稼いで家族を養うことが当たり前だと思って生きてきたので、家族を守れない夫に対し、強く当たることもありました。ある大きな決断を前に私の張り詰めた糸が切れてしまい最悪の事態になりかけたとき、夫が築き上げた夢を家族のために諦めたのです。その選択があったおかげで、家族が幸せになれる道を選ぶことができました。自分が信じた道だとしても、諦める勇気が必要なときもある。失敗したら立ち止まれば良い。失敗は、成功のもと。このことを夫が教えてくれました。数年が経ち時間に余裕ができた夫は、料理家として次のステージへ向かっています。

これから何かに挑戦する人へ伝えたいのは「失敗はない、全てが学びである」ということ。そして夫婦の形は様々。大切なことは、補い合うこと。自分ができることをして、家族を支える。これがベストだと思います。

夫は元料理人なので、私が作るより遥かに美味しい料理を作ってくれます。洗濯物の畳み方も、私よりずっと上手できれいです。どちらかと言うと、私は料理も家事も苦手（笑）。

実は、夫の密かな夢は専業主夫だったようです。母親が食事の支度をすること、父親が外で働くことが当たり前ではない！　その最先端の家族の在り方が、子供達の目にどう映っているのか興味深くもありますが、良い教育だと信じています。家事の大変さも家族を養う大変さも分かる者同士、とても良いバランスで協力し合えています。これからの起業は、古い固定観念をいかに断捨離するかが重要です。土の時代から風の時代へ変わった今、私達も変わらなければならないときなのです。

自身の心の声に耳を傾け、居心地が良い状態を知る。そして、断捨離していく。人も物も思考も。子は親の背中を見て育つといいますがまさにそうで、長男は良きビジネスパートナーになってくれています。長女は、公務員。小さい頃から、公務員になるよう促してきました。母親とは真逆の道を歩んでいます。わが子には、この冒険人生とは違った穏やかな人生を送って欲しいと願っていたのかもしれません。次女は、ただただ可愛いです。長男と長女への思いから、次女には、寂しい思いをさせたくないと強く思っています。だからこそ、働き方を変える必要がありました。

時間とお金に余裕ができた今、子供に「おかえり」が言える毎日がとても幸せで、かけがえのない時間です。大きな壁の向こうには見たことのない理想の景色が見えると信じて、前へ進むことこそ自分が望む未来を手に入れる方法です。

経営も学べるエステスクール

経営の知識は、エステの知識や技術と並行して学ぶべきです。ここを失敗しました。かつての私のように子育てやいろいろな事情で学ぶ機会がなかった人がチャレンジしやすい環境を作りたいという思いで、スクールを立ち上げました。

スクールでは、自分の失敗から学んだことを、しっかり伝え、最短で軌道にのせてあげたいという思いで日々授業に挑んでいます。生徒に伝えている大事な項目の1つに「話すスキルより聞くスキルを磨く」という教えがあります。施術中はずっとカウンセリングなのです。お客様の肌状態だけでなく、心情を解くことが欠かせません。何を求めているのか？　何に悩んでいるのか？　気付いてあげることこそが、痒いところに手が届くエステティシャンだと考えています。

スクール業も4年の月日が経ち、2021年に法人を立ち上げました。講師として心掛けていることは押し付けるのではなく、できないのであればどうやったらできるかを一緒に考えることです。生徒さんの多くが起業を目指しているので、技術や知識だけではなく経験からしか学べないことを伝えています。目指して欲しいのは、理想のお客様が来てくれるサロン作りです。私のサロンは、常連のお客様が中心です。お客様に喜んでもらえて、自分自身が楽しく幸せに過ごせる時間。それこそが、目指して欲しい理想のサロン像です。

誰に、何を学ぶのか？

これが、人生の分かれ道だと思っています。経営者は学びを辞めてしまったら、そこで成長が止まってしまう。成功者は学ぶことを楽しんでいて、常に先を見ています。そのような仲間をたくさん増やすことが、今の夢です。

２０２１年に立ち上げた法人は、人々のライフスタイルがより良いものになる手助けができる「美のプロフェッショナル」を創出すると共に、会員の皆様の人生が更に良いものになることが目的です。人を幸せにするためには、自身が幸せであることが大前提です。私達エステティシャンの想いや心情は、良くも悪くも「手」を通じてお客様へ伝わります。だからこそ自分自身のメンテナンスが必要で、自分が幸せを感じていなければなりません。これも大事な項目の一つです。

経営者は、孤独です。だからこそ、絶対的に仲間が必要です。支え合える仲間を作るに良い場所、それが２０２１年に設立した一般社団法人日本ＬＣＡビューティー協会です。

15年前に起業を決めた日から、協会設立を夢みて頑張ってきました。踏ん切りというものは、なかなか難しいものです。ありきたりですが、「やらずに後悔するより、やって後悔したほうがいい」ただそれだけでした。

幸せになるために後ろは振り向かず、前に進む。進み続ける。その成功体験が今の私を創っています。注意が必要なのが、努力は必ず報われるとは限らないことです。努力の方法が間違っていても、人は自分を疑わない生き物です。

例えば、初めて富士山に登るとしましょう。体力に自信があるAさんと、体力は自信ないけど富士登山のベテランと一緒に登ったBさんのどちらが無事に頂上まで登れたでしょう。答えは明白ですね。無事に頂上へたどり着いたのは、Bさんです。何事もその道の経験者に学ぶことが、絶対的に近道なのです。そのことを知っていたBさんは、見事に成功しました。

ビジネスも同じだと思います。独学も素晴らしい。私も随分独学でやってきましたが、すごく遠回りしました。歴が長いことと成功することは、イコールではありません。出口を見つけられずに迷っている人を一人でも多く、近道へ導いてあげたいと思っています。

ローリスクハイリターンはあり得ると思っていたのですが、（業種によってはあり得るかもしれませんが）残念ながら、１００％ではありません。３日で習得した技術と1年や5年、10年かけて習得した技術では感動が違います。この「感動」こそが、痒いところに手が届くことなのです。

生徒さんの努力がお客様の「感動」となり、結果として選ばれるエステティシャンとして活躍できていることを誇りに思います。

痒い所に手が届くエステティシャンになるために大切なことは、

- **誰に何を学ぶか**
- **努力の仕方を間違ってはいけない**
- **感動を与えること**

の3つです。

最高の人生を送りたいあなたへのメッセージ

30代前半の頃は人に弱みを見せたくなくて、強がってばかりいました。起業して間もないある日、親しい先輩から「強がらずに辛い時は、助けを求めて良いのだよ」「そしたら、誰かが助けてくれるから」と見抜かれたことがありました。今まで強がっていたことが恥ずかしくなったのを覚えています。

我を通した30代前半は、本当に猛進していました。「全然うまくいってないですよ！」と堂々と言える夫が羨ましくて仕方ありませんでした。プライドは、面倒くさいものですね。人生は間違いだらけで、そこで気付きが生まれる。その繰り返しです。だからこそ、苦難さえ楽しむことを忘れないでください。

「物事は、全て完璧に起こる」

これも、さくら先生からの教えです。その教えに、何度も救われました。くよくよ考えても仕方ないのです。先行きが不安になったり悩んだりしても、物事は完璧に起こります。

それなら、時の流れに身を任せるのも一つです。「なるようになる」という言葉はいい加減という意味ではなく、時の流れに身を任せよということなのでしょう。運命には抗えない、だから全てを受け入れてみる。たとえ、嵐が来ようとも雷が落ちようとも、物事は完璧に起こる。

そこで大事なことは、自分自身を客観視することです。「今、怒っているね」「今、悲しいね」「今、不安だよね」「今、最高に幸せだよね」と、自分の中の自分へ言葉をかけるように。不思議と、冷静になれます。

そして、泣いて目が覚めた夜は、自分を抱きしめましょう。実際に私の経験ですが、一度目の結婚離婚で経験した恐怖心から、今でも怖い夢にうなされて目が覚めると涙と震えが止まらないことがあります。誰にもバレないように自分をしっかり抱きしめて、トントントン「大丈夫」と言い聞かせているとスーッと落ち着きます。

ビジネスとは関係ないじゃない？　と思いがちですが、経営者は孤独です。唐突に、不安に襲われることがあります。思うように売上が上がらない時やトラブルが起きた時など、最終的には経営者の責任だから。

経営者には、このようなマインドコントロールも必要になってきます。一匹狼にならず、辛い時は辛いと言える仲間が本当に必要です。そんな助け合える仲間、成長し合える仲間を作っていきたいです。

そして、これからも私が私らしく居心地良いところで生きていきたいと思っています。

その中で苦しい時は苦しいと言える自分でいたいと思うし、家族や仲間が苦しい時に苦しいと言ってもらえる自分でいたい。自分を信じてついて来てくれる家族や仲間、お客様、生徒たちを心から愛しています。

ベタな言葉ですが一度きりの人生、やらずに後悔するよりやって後悔した方が良い！できないことは、できる人にやってもらえば良いと思っています。やれることを精一杯楽しんでやる。それが最高の人生です。

人生の最後まで、お客様と他愛のない会話をしている美容家でいたいと心から思います。不安で自分に自信がない誰か、一歩を踏み出せない誰かに、このメッセージが届くことを願います。

明日は、自分にとって最高の日になると信じて、今日という「今」、最高の選択をしましょう。

- **弱みを見せることは、恥ずかしいことではない**
- **物事は全て完璧に起こるという教え**
- **人生は、間違いだらけ、だからこそ気づきが生まれる**

Message

あなたへのメッセージ

一度きりの人生。
やらずに後悔するより
やって後悔した方が良い！
この世に失敗はないし、
全てが学びになるのだから。

安枝千代美さんへの
お問合わせはコチラ

合同会社GEB CEO
国際コーディネーター

RUY

日本と海外を繋ぐ国際コーディネーター!目標を達成し続けるための「仕事の流儀」

Profile

1983年、静岡県出身。幼少期を海外と日本で過ごす。専門学校卒業後、音楽関係の会社で6年勤務。海外でのコンサートイベントや外国人生徒中心の教室経営など、日本と海外の中立的な立場でのポジションで仕事をする。2013年から9年間官公庁と海外のプロジェクトをコーディネートする会社に勤務。2022年独立し、合同会社 GEB を起業。2023年からはマレーシアを拠点にアジアと日本の架け橋として活動を広げる。

1日の
スケジュール

Morning

5:30 起床、支度、メールチェッ

7:00 娘と朝食

8:00 ジム、ジョギングor散歩

8:30 準備、出発

9:00 スケジュール&ToDo確認から
スタート・作業、打ち合わせ等
※海外出張や、現場の時は
早朝から夜まで一日
※合間に昼食、夕食

23:00 お風呂、
スケジュール&
ToDo見直し

24:00 就寝

Afternoon

Giftを最大に活かす

親の仕事の関係で、幼少期はアメリカで過ごしました。日本に帰省してからも、身近に多文化な環境があり、国際高校へ進学。その後、オーストラリア、ニュージーランドで生活をしました。

私は度々「自分にとって国籍アイデンティティとは何だろうか、愛国心とはなんだろうか」と自問自答することがありました。それは、私が国や宗教に境界線のない環境で育ち、自分の感性が養われる時期に異文化の中で日常を過ごしてきたせいかもしれません。

「国」は、人間によって決められた枠組みに過ぎません。たまたまそこに生まれ、その中にカテゴライズされただけ。それが国籍です。結局は皆同じ人間なのです。人というのは、同じ国の国民であっても生き方や考え方がそれぞれ違います。国と国とでは教育の仕方も文化も異なります。そんな世界の姿を間近で見てきたからこそ、「人はそれぞれ意見が違って当たり前」という考えをベースに持ち、国際交流に対してフラットな視点で見ることができる。これは、私が培った大きな強みと言えるでしょう。

4年制の音楽系ビジネス専門学校を卒業してからは、音楽と国際を中心に大きな組織の中で複数のポジションに就く経験をしました。結婚、出産を機に退職しましたが、その後も育児をしながら、日本の大手企業で2年間の秘書業務を遂行しました。その中で、日本の考え方、マナーについて学ぶ機会に多く出会いました。

契約更新のタイミングで、官公庁の国際コーディネーターという職業に就きました。これまでにも「日本と海外を繋ぐ」仕事はやっていましたが、この職業こそ自分の今までの集大成を活かせる仕事だと思い、強い熱意を持っていました。

しかしながら、仕事と家庭の両立は、私にはハードルの高いものでした。当時の私の考え方も未熟だったのだと思いますが、当時はやりたい仕事に出会えたことで「仕事に集中したい」という気持ちが強くありました。未熟な部分があり生活とのバランスは上手くできず、離婚をしました。

会社は自宅から遠く、子どもは保育園通いで送り迎えが必要。おまけに、入社当初は「時間で働く」という感覚が抜けず、1ヵ月でクビ宣告をされてしまいます。

せっかくやりたい仕事に就いたのに、このままでは終われません。そこで、私は奮起しました。親に頼み込んで育児を手伝ってもらい、会社では社長に「クビでもいいので、成果を残してから辞める」と伝えました。そして、持ち前の猪突猛進精神で、成果を上げることだけに集中しました。他の社員から「できるわけがない」と陰口を叩かれることもありましたが、私は諦めませんでした。自分でルールを決めて、陰口を言う社員の倍以上働きました。（例えば9～18時出勤で、7時半～22時までいるなど）

すると、3ヵ月もしないうちに、神が舞い降りたが如く、次々と仕事を獲得できるようになったのです。なんとかクビになる前に、自分が担当する仕事を獲得できました。

その後はひたすら業績を上げていきました。ノルマの倍以上の成果を出し、年収もどんどん上がっていきました。4年間挑戦し続けても採用されず、上司からもあきらめろといわれていた企画が5年目で採用され、それまで採用され続けていた大手企業に勝つ事ができました。自身企画案件がどんどん採用され、オファーも増え、気付いた時には、私は部署における重要な存在になっていました。入社した時に思い描いていた「会社にとって必要とされる存在、『あなたに頼めば大丈夫』と言われる存在」になっていたのです。

夢中で働き、仕事も収入も順風満帆。その時私は、30代後半に差し掛かっていました。自分への投資が必要だと思い始めたのも、ちょうどその頃でした。起業する約1年前のことです。そんな時ふと、ミセスコンテストのポスターが目に入りました。娘に背中を押され、試しに応募してみることにしました。しかし、ここで私の「中途半端にできない」根性が再び燃え上がったのです。

仕事をする上で、女としてなめられる訳にはいきません。「仕事のできるおじさん」（例えばスティーブ・ジョブズのような）に憧れ、見た目もマインド（気質や考え方）もそのようなものを目指していました。そのとき体重70キロ！（ジョブズを超えている）

自分が海外へ行き、独立するビジョンは以前から持ち続けており、自分なりの計画は持っていました。コンテスト世界大会では、ファイナリスト44名から見事選ばれ、「国際コーディネーター」のオピニオンを英語のスピーチで発表できました。

この経験が、私の追い風となりました。たくさんの人々に支えられ、ビジネスのように、コンテスト出場にあたり自分に足りないものを分析し、攻略していきました。すると、自分にとってありがたい出会い、縁がたくさんありました。それが現在の結果に繋がったのでしょう。地方大会、日本大会に勝ち進み、なんと世界大会で準グランプリを受賞することができました。体重は53キロになりました。（ジョブズと同じくらい？）

世界大会本番1週間前に法人を設立し、登記しました。その後、裏方ではなく、人前に出るメディア、YouTubeやラジオ等にも出演する機会が増えていきました。そして、「国際コーディネーター」という仕事を多くの人に知ってもらうきっかけ作りができました。また、ジュエリーモデルをつとめ、ルーブル美術館に展示される経験もでき、新しい世界も広がっていきました。一つ一つのできごとに真剣に取り組み、知識を付けていくうちに、様々なオファーが増えていったのです。

私は「見た目や性格で判断されたくない」という思いがとても強かったのですが、ある先生に「見掛け倒しは駄目だけど、中身が素晴らしいなら外見を一致させることも必要」と教わりました。自分の魅力や能力を最大限に活かし、心身のバランスを取ることが大切であると気が付いたのです。

組織で仕事をしている中でも、ありがたいことにクライアント様周囲から「直接仕事を頼みたい」と言われることが増えました。私には、アジアを中心に活躍したいビジョンがあった為、独立を果たしました。ASEAN10ヵ国とビジネスをした経験がある日本人は、他にはなかなかいないでしょう。

会社の社長には、本当にお世話になりました。働き始めた頃の私は子どもが小さいこともあり、自分に限界をつくっていました。しかし、クビ宣告を受けた時、「本気でやらなければ意味がない」と、火がつきました。社長はときに厳しく叱ってくれたり、ときには親のように励ましてくれたりしました。独立も応援してくれました。

誰しもがGiftは届けられる。そのままでは、玄関先に置かれたまま。最大限活かす努力をして初めて人の手元まで届けられるのです。

本質をみる

「国際コーディネーター」とは、日本と海外でゴールを目指す仕事です。物流やＩＴ、音楽関連など、プロジェクトに関わるジャンルには様々なものがあります。とにかく「中立」の立場であることが大事で、自分を強く持つ信念と、自分なりの哲学が必要です。

語学力が必要と思われそうな仕事ですが、それよりも大事なのは国際理解力。世界中で起きている情報を集め、常に広い視野を持ち物事を把握し、冷静に対処する力や理解する力が求められます。そして何より、ポジティブに行動すること！　ネガティブでは、仕事ができません。

プロジェクトは、成功が当たり前。失敗しないために、成功するためのリスク管理や歩み寄りを大切にしながらゴールを目指します。

とはいえ、様々な国の企業と仕事をしていると、予想外のできごとがたくさん起こります。例えば、日本人は計画的で丁寧、リスクや失敗（最悪のリスクは、『死』）を恐れる傾向があります。展示会等のイベントがあれば、前日までに準備を終わらせる対処をします。

その一方、インド人は集中力や技術力が高く、日本人に比べてリスクや失敗を恐れない強さを持っています。展示会の前日に準備ができなくても、たった一晩の人海戦術で当日までに何とか準備を終わらせます。同じ仕事内容でも宗教や考え方、人生観が違えば、仕事の仕方も全然違うものになってくるのです。

しかし、作業内容は、基本的には同じ。それを念頭に置いた上で、トラブルを想定し、国や状況によってスタッフや体制を変えていきます。その場に応じて冷静かつ柔軟な対応が必要です。

また、作業環境によっては、自分の命を守ることも大切です。例えば、企画の終了後、使用した機材等を片付ける作業を「バラシ」と言いますが、日本ではバラシをする際、周りに十分な注意を払って行われるのが普通です。しかし、私がインドで仕事をした際、まだ私が現場にいるのにも関わらず、突然バラシが始まり、現場の壁が崩されることがありました。あの時はインドでバラシ中に人生終わるんだ〜と思いました。

日本での「当たり前」は、必ずしも海外でも通じるとは限りません。考え方やスキルが異なる中で、どんな時でも同じ質を保つために、それぞれの状況にあったアプローチを考えます。そして、プロジェクトが上手くいった時、この仕事の面白さを改めて実感するのです。そして同じような仲間を増やしたいです。

営業力は生命力

仕事における私の特技はコミット力。プロジェクトを達成させ、色々な場所に数字を作ることです。「営業」というと、セールスのイメージを持つ方が多いかも知れません。ですが私は、人は生きている中で起こる全てにおいて、「営業」しているのではないかと思うのです。

生きていくためためには、ごはんを食べなくてはなりません。ごはんを食べるために、獲物を獲る。獲物が獲れないなら、買わなくてはいけないし、買うためにはお金を稼がなくてはならない。そのために、家族や仲間を増やして役割分担をする。仕事をするために、資格を取る。仕事で成功するために、戦略を考える。私には、これらの事が全て「営業」だと思えるのです。そうすると、どうでしょうか。「営業」は、自然なことだと思えてきませんか。

学生時代から、バイトでも売上を上げることが得意でした。単純なことだとしても、成果を上げる時、より多くの時間をかける数をこなす、多くの経験を積むことが大切です。

また、これまでと違うアプローチを考えることも欠かせません。例えば、民家を一軒一軒周って自分達を宣伝したり、前例にないコラボをして、新しいプロモーションの開拓をしたり。それを伝えると周りの人々は「すごい努力だ」と褒めてくれますが、誰でもできることをただたくさんやってきただけなのです。心が折れそうになった時は、その先を想像します。「これをやれば、たくさんの人に知ってもらえる、たくさんの人を楽しませることができる。だけど、諦めたら誰にもみてもらえない」と。

昔からそのように仕事をしてきたからでしょうか。周囲からは「あなたはコミットしてくれる」と言ってもらえることが多く、結果を出すことが得意になりました。

国際コーディネーターは、結果が分かりにくい職業でもあります。「上手くいって当たり前」とはいうけれど何故上手くいったのか、そのためにどんな影の努力があったのかを気にとめる人はほとんどいません。しかし、私達は常に「全て問題なく成功させるためにはどうすればいいか、何をすればステークホルダー（プロジェクトに関わる人々）とウィンウィンな関係でいられるか」を、ひたすら考えています。

成果を可視化しにくい仕事だからこそ、ひとつひとつの事柄を数字に落とし込んでいきます。何時間、何人、何枚、何円、何回。経験だけカバーできることもたくさんあるけれど、落とし込んだ数字も基に分析することも大切です。分析しておくと、次に繋がる瞬間に出会います。そんな時、なんでも基礎が大切なのだと実感します。改善点や失敗した点はプロジェクトごとに書き出し、頭の中に蓄積します。必要な時に頭からスッと引き出されてくるのです。まるで、魔法みたいに。よく奇跡のような幸運なことに遭遇しますが、そのような小さな積み重ねが導いてくれると思います。

コーディネートの仕事は、例え目指すゴールが同じだとしても、ステークホルダーが多いほど複雑になります。だから、それを紐解いてシンプルに考えてみる必要があるのです。例えば、ゴールを示して互いが歩み寄れるような工夫をする。そうすれば、無自覚に同じゴールを目指す事ができる。クライアントのA社とB社の意見が異なった時、間を仲介しながら、歩み寄れるポイントを考え上手くいくアプローチをし、プロジェクトを進める。

世の中には、こんな風に中立の立場になり、物事の潤滑油になる人々がたくさんいます。その人がどちらかに偏ってしまったら終わり。私達は偏ってしまったり、どちらかに所属してしまったりしてはならないのです。AとBそれぞれの競合他社の商品を売らなければならないこともあります。どちらかに偏らず総合的に双方のよいところを売り込む。「国際コーディネーター」を名乗る人は、皆さんの身の回りにはあまりいないかもしれません。しかし、彼らのような役割の人が働きかけることで、世の中の様々な部分が中和しているのです。

与えられた命を燃やし尽くそうとすれば、仕事も営業もうまくいきます。

人生で目の前の壁をチャンスととらえる

頭の中が複雑に感じられて、時々脳みそが誰かに支配されている気分になる。あなたには、そんな経験があるでしょうか。

そうならないために私はいつも思いついたことをメモし、整頓します。楽しいこと、嫌なこと、とりあえず思いついたこと……。それを続けていると、自分のやりたいこと、やるべきことが見えてきます。そうそう、将来のビジョンはなるべく前向きに、それから、何となく書きましょう。後から見返すと、ミッションクリアしていることも多いです。

やりたいことが浮かんだら、とにかくやってみることが吉です。誰もが当たり前のように一歩踏み出せるはず。それができないのは、周りもしくは自分自身が己を抑圧しているから。自分のやりたいことを邪魔している原因に目を向けることが大事です。

長い歴史の中、コミュニティ内や家族内に抑圧が存在している場合もあります。それを超えるために私は今後、教育分野に力をいれたいです。国際コーディネーターとして、多くの国とビジネスをしてきました。多国間はもちろん、同じ国同士でさえクライアントの意見は違います。その要因は、教育の違いにあると言えるでしょう。

言えるのは、「人間は生まれた国に関わらず、生まれた瞬間には見た目以外は全て同じで何も知らない、でもすでに個性がある」ということ。つまり、まだ何も知らない、何にも染まっていない状態です。そして、それぞれの個性を持つ可能性も備えている。その個性が無事に花開くかどうかは、環境や教育にかかっています。「付け加える」教育はたくさんあるけれど、一番大切なのは「可能性を潰さない」こと。私は、そんな場所をつくりたいです。

家族は私の個性を認めてくれました。母は一人親で私を育ててくれたため、環境的に厳しい場面もあったかもしれません。しかし、私を否定することは決してありませんでした人間にはそれぞれ人格があり、皆が皆違います。それが当たり前なのに、考え方が対立してしまう。その要因は、ルールやボーダーの外の要因に縛られすぎている大人たちにあるのではないでしょうか。また自身の内の可能性に目をむければ、何も争う必要はないことに気付けるはずです。

インターネットの普及が進み、様々な意見が行き来する時代になりました。世界の境界線がどんどん薄くなっているように感じます。しかし、それがいつ崩れ、対立が始まるかは予測できません。だから、広い世界を自分で見て経験し、自分の役割を確認することが大事です。

2023年より、私は一人娘と共にマレーシアへの移住をします。娘にも、私と同じようにたくさんの文化に触れて欲しいし、彼女と共に学びたいです。

私はいつも、直観とデータを信じて人生を歩んできました。しかし、人のせいにし、誠意のない間違った選択もしました。身近な人を悲しませるような選択はしたくありません。周りから反対されることがあっても、自分の人生の責任を取れるのは自分しかいません。その姿勢で努力し続けた結果、すべてのトラブルは私を成功へと導いてくれています。

「トラブルやリスクを障害と捉えるか、次へ進む為の壁と捉えるか。」

これは、私がニュージーランドにホームステイした時に親愛なる第二の母からもらった言葉です。

用意された道や安全とされた道を進むだけでは、いい成果を得ることはできません。自分が信じた道を後悔しないように進みましょう。自分を最大限に活かし、努力し、学び、遊び心を忘れない。私は長いこと仕事だけに集中しすぎて、人として少々バランスが欠けているところもありました（笑）ので、周りの支えてくれる人を大事に愛情深く生きたいです。

Message

あなたへのメッセージ

There is no obstacle in life
人生に壁はない。
壁と捉えるか
チャンスを捉えるか
あなた次第！

RUYさんへの
お問合わせはコチラ

あなたにとって「幸せな生き方」とは？——おわりに——

最後までお読みくださり、ありがとうございました。

誰も初めからうまくいく人はいません。本書に登場した18人の女性起業家たちも今のあなたと同じように悩み苦しむ時期がありました。何度も何度も諦めたくなったこともあると思います。

ですが、人生は一度きり。後悔しないために諦めずにがむしゃらに行動したからこそ好きなことが仕事になり、「幸せな生き方」が見つかったのだと思います。

まずは、小さな一歩を踏み出すことです。どんなことでも構いません。

例えば、本書で気になった女性起業家に感想を送ってみることも立派な行動です。小さな一歩の積み重ねが人生を変えていきます。

きっと、本書を最後まで読まれているあなたなら大丈夫。

好きなことは必ず仕事になりますし、その先にあなたが求める「幸せな生き方」がきっと見つかることでしょう。

私たちはそう信じています。


最後に、この本に登場してくださった18人の女性へ感謝を綴ります。

過去の苦労や体験を凝縮して執筆することは、大変な勇気と努力を要したことと存じます。

その想いや覚悟、経験から学び得たことが多くの方に届きますように。

Ｒａｓｈｉｓａ（ラシサ）出版編集部

好きなことを仕事にする
ヒントが見つかる 18 人の物語
わたしたちが辿り着いた「幸せな生き方」

2023 年 8 月 22 日　初版第 1 刷発行

著者：Rashisa 出版（編）
阿部由起子／飯田恵美／上野美幸／浦田けあき／門脇まゆみ／栗原由美子／
小林知子／櫻段佑記／佐藤奈々子／清水亜希子／関本洋子／高井ちはる／
原ゆうこ／平松育子／船橋静香／本多真美／安枝千代美／ RUY

発行者　Greenman
編集・ライター　そらいなおみ
ブックデザイン　二ノ宮匡

発行所：Rashisa 出版（Team Power Creators 株式会社内）
〒 558-0013 大阪府大阪市住吉区我孫子東 2-10-9-4F
TEL：03-5464-3516

発　売：株式会社メディアパル（共同出版者・流通責任者）
〒 162-8710 東京都新宿区東五軒町 6-24
TEL：03-5261-1171

印刷・製本所：株式会社堀内印刷所

ISBN コード：978-4-8021-3423-1
C コード :C0034